Marcello Lippi

# 思维的竞赛

# 里皮自述

[意大利] 马尔切洛·里皮 著

李蕊 等译

译林出版社

**图书在版编目(CIP)数据**

思维的竞赛：里皮自述 / （意）里皮著，李蕊等译. —南京：译林出版社，2014.5
ISBN 978-7-5447-3647-3

Ⅰ. ①思… Ⅱ. ①里… ②李… Ⅲ. ①里皮，M-自传 Ⅳ. ①K835.465.47

中国版本图书馆CIP数据核字（2014）第059305号

Il Gioco delle Idee by Lippi Marcello Romeo

著作权合同登记号　图字：10-2014-114号

本书第93—223页由马尔切洛·里皮口述，颜强执笔。

书　　名　思维的竞赛：里皮自述
作　　者　［意大利］马尔切洛·里皮
译　　者　李蕊 等
责任编辑　陈叶　王蕾
原文出版　San Raffaele, 2008
出版发行　凤凰出版传媒股份有限公司
　　　　　译林出版社
出版社地址　南京市湖南路1号A楼，邮编：210009
电子邮箱　yilin@yilin.com
出版社网址　http://www.yilin.com
经　　销　凤凰出版传媒股份有限公司
印　　刷　江苏凤凰通达印刷有限公司
开　　本　718毫米 × 1000毫米　1/16
印　　张　16
插　　页　2
版　　次　2014年5月第1版　2014年5月第1次印刷
书　　号　ISBN 978-7-5447-3647-3
定　　价　38.00元
　　　　　译林版图书若有印装错误可向出版社调换
　　　　　（电话：025-83658316）

# 里皮先生

里皮先生，是一位充满人格魅力的绅士。记得2012年5月中旬里皮先生抵达广州的当天晚上，我到酒店去看他。他听说我来了，顾不上长途飞行的疲惫，赶到我的房间与我见面。这是里皮先生给我的第一印象：世界名帅非常平易近人，非常和蔼可亲。

里皮先生今年六十六岁，这个年龄在中国来说是接近古稀之年，但里皮先生无论对生活还是对足球事业，依然充满激情。更难能可贵的是，他能将这份激情传递给身边的所有人。每一次与他交流，我都会被他那份激情所感动；每一次与他交流，我都对他的绅士风度印象深刻。

绅士之外，里皮先生当然更是一位世界顶级的足球大师、战术大师。他率队不仅获得过欧洲冠军、世界杯冠军，还将亚洲冠军收入囊中。综观当今世界足坛，能荣膺这三大殊荣于一身的教练，除里皮先生，难觅第二人。

我记得当年聘请里皮先生过来执掌恒大队时，不少人有这样或那样的疑虑:球队稳步上升,为什么还要请里皮?请里皮过来,万一球队成绩不升反降,怎么办?……对于这些疑虑,我很理解。我当时明确地表明了看法,一是里皮先生能为我们带来世界先进的足球理念、世界顶级的执教水平和管理水平;二是恒大集团从发展战略的高度做出了这项决策。我们聘请里皮先生不是心血来潮,在做出决定之前,我们的团队其实已与他进行了近一年的接触。事实证明,我们的决策是正确的。

两年来,里皮先生的带队成绩、对恒大队的改变及提升效果有目共睹。我经常对恒大队的球员说,我们请来了世界顶级教练,这是个千载难逢的好机会。作为球员,要努力地去适应里皮主教练的战术、安排、管理,努力地去提高自己的足球水平。在这方面,无论是恒大队的中方教练,还是恒大队中的国家队球员,应该都有充分的发言权。

里皮先生不仅为恒大队带来了冠军底蕴和实力,他也为中国足球带来了重大且又是潜移默化的影响。

首先,里皮在中国,不仅让世界足坛、亚洲足坛对中国足球保持高度关注,同时也能持续吸引更多高水平的外援加盟中超联赛。其次,里皮先生日常带队训练与比赛,为中国足球带来了世界一流的足球理念、最先进的训练方式与手段,其过人的阅读比赛能力、精准的预判意识与胆识、临危不乱的现场指挥能力、对中国球员悉心的言传身教等方面，均值得中国足球教练同行们好好学习。另外，我与里皮先生的每次交流都会谈到，在培养中国球员时，要让中国球员的进步能够一个月一个小台阶，一个季度一个大台阶，一年以后一个更大的台阶这样循序渐进，直至中国球员的水平有质的提高。换句话说，恒大队的国脚比较多，把我们这个球队建设好了，也是对中国足球的一个贡献。

里皮先生还是人大附中恒大皇马足球学校校长。他表示很乐意担任这个角色，在未来的时间里，他会投入更多的时间和精力关注中国孩子们在足球领域的成长。对人大附中恒大皇马足球学校来说，这无疑是令人欣喜的消息；对中国足球而言，这何尝不是一件幸事？

今年2月，恒大俱乐部与里皮先生成功续约三年。在谈判时，我对俱乐部的唯一要求是：一定要为中国足球留住这位世界级名帅。其实，里皮先生也不止一次对我表示过，他在恒大队工作这两年，对球队的表现满意，对俱乐部的成长满意，对自己及团队的工作满意，而且在中国、在广州生活得很开心。

值里皮先生自述中文版正式面世之际，谨向里皮先生表达我最诚挚的祝福和衷心的感谢。

许家印

2014年5月于广州

# 目　录

## 问鼎大力神杯



## 新的征程开始了



## 绿茵法则



## 俱乐部 VS 国家队



## 中国、亚洲与世界

# 致中国读者

如同我在书里所说，我知道自己的限度。但更让我庆幸的是，我从未停止过思考。

这本书的前后两个部分，完成的时间相距整整六年。2008年夏天，我在海边度假时，收到了写作这本书的邀请，并愉快地接受了这项挑战。原本我以为这么一项写作计划随着我离开亚平宁半岛，早已尘埃落定。但2014年初春，我在广州的细雨中准备新的中超赛季的到来，我的中国朋友们问我：大家都想更多地了解你，为什么不为你的书增加一些新内容呢？

为什么不呢？我的职业生涯还远远没有结束，我在中国的每一天都发生着各种新鲜有趣的事情，我在这片充满了生机与希望的热土上工作、生活，有许多新的感受和想法想要迫不及待地与中国的读者分享。我听说过中国足球在这些年中的起落，也听说过中国的领导人对足球这项运动的兴趣，更是很早就接触到了非常热爱足球的中国球迷。经过将近两年的努力，我和我的教练团队与俱乐部、与整个足球环境已经达到了很好的契合。或许我也可以和大家探讨一下恒大模式。足球场上的成功离不开巨大的物质实力的支持，但和谐的团队才是最重要的关键。

在本书2008年的版本里，我对自己此前作为一名足球教练的生涯进行了一番思索，这番思索让我认识到，足球比赛实践的是“团队的哲学”，比赛的胜利就是我们“共同体”的意志贯彻到底的结果。而在2014年的今天，当我发现自己在一支曾经完全陌生的俱乐部球队身上再一次成功地验证了我的“哲学”时，我又感觉到了那种骄傲，那不仅仅是夺取多少冠军的兴奋感，而是对于又一次铸造出一支真正团队的自豪感。我们的球队就像一个凝聚在一起的大家庭，每一位成员，不止是主力球员，还有替补、教练组成员、后勤人员……所有人都在朝着一个共同的目标而战斗。这种精神上的满足，没有任何其他东西可以取代。因为这让我知道，我的“哲学”不是偶然的，而是可以延续、可以复制的。而且，这并不是简单的重复，我们还克服了文化上、足球理念上的巨大差异，这无异于团队整体的一次“升级”。

因此，你会在这本书里发现两个部分：前一部分是一个教练关于团队管理学的一点思考，后一部分是他对自己思考结果的最新实践，以及再思考。这本书或许可以展示通往成功的一条道路。这条道路不仅局限在足球的世界中，在每个不只是需要个体努力的环境中，也都能成为一种参考。写作对我来说就犹如一场思维的游戏，而足球比赛又何尝不是一场场思维的竞赛呢？

广州恒大是我在意大利本土以外执教的第一支球队，我很高兴当初选择了它。希望你们读到这本书，也会为自己的选择而感到高兴。

2014 年 4 月于广州

# 引言是被迫写的……

我打算写一本书的决定将震惊许多人，或许也会使一些人觉得反感。但是，正如每一种体育项目都有其遵循的规则，我很清楚自己的限度；但我也知道，为了让自己变得更加优秀，需要继续努力去工作，以突破这些限度。

说到这里，为了避免误会，关于自知之明，我想立刻阐明一下：我不是作家，不抱有任何文学幻想。我知道许多决定来读一读这本书的人一定会这样问："是谁让他这样干的？"好吧，是我自己要这么做的。

答应出版社写这本书之前我考虑了很久。但最终，在仔细权衡过接手这项事业的风险与困难之后，我接受了。说实话，说服我走上这条挑战自我的冒险之路的理由不止一个。

在引言里，我首先需要申明的是，这本书确实不是我的"处女作"。早在 2006 年，追随着人们因意大利队历经千辛万苦赢得世界杯而欢欣鼓舞的热潮，我已经试着写了一本书。算了，或许“写作”一词用在那本书上有点过头。

事情差不多就是这样发生的：动身前往德国参加2006年世界杯之前，我在福尔泰德伊马尔米小镇的海边碰到了弗朗切斯科·阿尔贝罗尼[1]教授。我们聊了许多，这些常常被人们称为“遮阳伞下的对话”为我提供了反思的机会，促使我去思考自己所从事的教练这个职业。

阿尔贝罗尼的一席话功不可没，他把一只哲学的跳蚤放进了我的耳朵，引诱我去思考：在一支常胜的球队里，究竟存在着什么样的“思想”？我完全清楚“思想”这个词语是一种既宽泛又狡猾的界定，说到此，我深知有多少读者会对使用这个词语来形容体育，尤其是足球而嗤之以鼻。

那么，就请你们做好嗤之以鼻的准备吧！关于思想，在这本书里我会讨论得更多（或者更糟，如果你们愿意这样说的话）而不是更少，实际上请允许我支持一下自己的观点：即使是在骂声不断的足球界，也存在并且应该存在一种致胜的“哲学”……

再一次重申：你们不要以为我是昏了头了。一场世界杯的胜利当然不足以制造出哲学家来；但是越往深处想，我越是确

1　弗朗切斯科·阿尔贝罗尼，意大利当代社会学家、记者和作家，曾长期担任意大利《晚邮报》专栏记者。（本书注释皆为译者所加。）

信,如果没有一种“团队的哲学”发挥效用(请赐我一个专业术语吧),我们连丙级联赛都赢不了。

本书将不惜笔墨地去说明这些主题,但是我还想从现在开始补充一些我的观点,也就是由“遮阳伞下的对话”所触发的思考与感悟。关于我的职业,随着时间的推移,我已经越来越察觉到那些非体育因素的重要性。我来更好地解释一下。如果说足球这项运动在近年来变得越来越专业化了,这种说法有点平淡无奇:为了使一支球队变成一个能够追求更高目标的整体,踢球的方案、战术,精心的体格准备等因素都变得越来越具有决定性作用。缺少一组优秀的球员就不可能取得令人较为满意的成绩,这显然只是另外一种用来推翻那些足球道德者们的论断的说法。当他们为了不至于被比赛结果所推翻而不想表明立场时,便会对之前振振有词的预测做出简短的评注:“不管怎样,地球总是圆的嘛。”有谁对此表示过怀疑?但确实有,我和阿尔贝罗尼就讨论过这个话题。

我想我能够这样讲:胜利也可以在足球场外铸就。一支球队,在它的球员受到挑选变成二十来人之前,就是一种“共同体”了。我用到这个词语并非出于偶然。当组成它的个体能够拥有某种“共同”的东西时,这支球队便能被称之为球队。那么这些共同的东西是指什么呢?

共同的东西指的不总是语言（在俱乐部球队中，这种情况尤为明显），而是指共同的意图、爱好以及许许多多其他的事物，我将在接下来的几个章节中讲到它们。教练应该承担起建造这片共同的土地的任务，使得大家能在上面筑造梦想、计划目标。教练还应当是这片土地的咨询者与负责人。

如果意志不能直接传达，教练很难继续前进，即使比赛时他能够依靠最好的天才队员。这些例子并不少见，意大利出现过，国外也出现过。

就这样，由于对我的“球场”经验颇感兴趣（但也不只这些），阿尔贝罗尼提出了那个“荒诞的建议”。他在海边遇见了刚从德国回来的我，对我说：“听着，马尔切洛，为什么咱们不一起写本书呢？”我想他是在开玩笑，于是就有失尊敬、毫不友善地回答了他一句类似这样的话：“行啊，如果你准备丢脸的话，我这边没什么问题。”

他却异常认真。就这样，为了搞好第一次出书这场冒险，我们想到的最好方式是组织一次由阿尔贝罗尼教授的妻子罗莎·贾内塔主持的采访，阿尔贝罗尼自己也更喜欢这样的方式，而不是为该书作序。书名由我选择，名叫《球队》（意大利里佐利出版社，2006年版），封面上的照片也是我选的。照片记录的是整支国家队庆祝世界杯胜利的情景。画面十分动人，因为它让我们回想起那个所有人共同分享伟大的激情与满足感的时刻：球员、领队、教练组其他成员、替补队员、后勤人员、厨师，每个人都在，总之，没有任何人缺席！

那本书出版之后，我开始收到一连串的邀请，然而这些邀请并不是来自那些通常谈论体育或评论某场重要球赛的体育节目。不是的！邀请我的竟是一些大学！如果我没算错的话，到目前为止已经有二十三所大学向我发出了邀请，要我为它们的学生和老师做讲座。

我承认，尤其是在前几次这样做的时候，我感觉自己有点不知所措，更不用提尴尬了。之前我从来没有过“站在讲台上”的经验。不仅如此，我也从未收到过邀请，让我讲讲足球以外的，以及更为宽泛的关于整个体育界的话题。

实际上，学校的客人们倾向于听我谈论合作、团队理论、人力资源方面的逻辑。在各学校做完讲座之后，一些企业的邀请又接踵而至。大型跨国企业的常务董事和经理纷纷了解到了这点：世界杯教练的经历是如何能够帮助到他们及其合作者的。

当然，不仅仅是那些大学教授的语言，那些企业家的语言在我看来也是古怪而深奥的，尤其一开始经常会出现什么激励策略、组织人力资源等词汇。但具体来说，的确如同发生在教练员身上的一样，他们很好地理解了这一观念，即唯有团结、统

一、协调的团队才会赢。正如人们所说的，一支常胜的球队所代表的“整体”会优于组成它的每个“部分”的简单集合。但是即便我们的球队拥有才能出众的年轻球员，即便我们同专业的团队进行合作，这个“整体”也需要去建造，这不是一项容易的事业。

一个团队中的成员，不可避免地具有多面性。如果管理得当，人力能够成为巨大的资源。但若不适时培养队员的团队观念，一种无法控制的分裂与自我破坏的力量也有可能在团队中弥散开来。

上述一切仍然不能解释，或只是部分解释了我答应写作你们正在阅读的这本书的原因。很明显，从 2006 年至今已经发生了许多事情，远离球场的生活使我有机会去做一些新的体验，如此一来，当回到自己的工作上时，我会以全新的、更加成熟的观点来审视自己。

远离那些自己已经习惯的体育环境（先是球员，然后成为教练），我接触到了陌生的领域与背景，这样的经历一方面为我提供了有利的机会，使我能重新思考自己的观点，确认其他的观点；另一方面也保证了一个必要的距离，能让我清楚地观察“自己的环境”，为其做出客观公正的评价。

但是这些还不够。我说过，我是答应来“写”这本书的。事实上就像我之前解释过的那样，准确来讲，我的第一本出版物不算是一种“写作的训练”。与其称之为一本书，倒不如说是一本经过校对、完善，最终得到出版的采访记录。但我由此发现了写作对我来说是一种有效的训练方式，是一种附加的价值。

我不想简单地罗列词汇。我想说的是，一套竞赛方案真正开始存在并且发挥效用，是在你看见它已经融入球场上的队员身上之时。同样，我确信，任何一种思想开始存在，是当它在语言中形成一定的结构之时，当它开始在赋予其体魄的词语之中生长之时。

这就是为什么说尝试去“训练”那些词语，对我来说意味着对自己的思想以及体会的考验。一旦我再次在白色的书页（或是电脑屏幕）上面读到这些“排成队伍”的词语，便能更加准确地看到它们的形式与内容。我可以尝试着将其拆下，将其重新组装；我可以替换一些术语，以便更精确地表达我脑中混杂着的思想。这有点像设计球队阵形，估量不同的可能性是为了设计出最好的阵形。

总之，我的体会是，通过写作，我能对自己的想法进行梳理，从而也大大有益于自己的工作。

最后，我想承认的是，我喜欢的体育竞赛都具有一个共同的特征，就像爱情或者战争一样，至少需要两个人参与……

确实，通过写日记、写随笔，我能够“训练自己”，但是让大家全民参与的想法刺激着我，怎么说呢，促使我让你们也参与到训练中来！

# 站在讲台上的教练

那种力量是个体单独不会产生的，那种团结性使得家庭成为一个社会的堡垒，那样的联系会在其他的时代与背景之下激励士兵为理想而献身。

TOYOTA

# 球场边一堂奇怪的课

多特蒙德，2006 年 7 月 4 日，世界杯半决赛之日。还差几个小时，我们就将走上球场，迎战德国队——国际足球界的经典对手。两支伟大的球队，各自肩负着辉煌的历史，他们一直都在为夺冠而战。

在此前一路走来的比赛里，仅仅树立所谓的"光辉形象"是远远不够的，哪怕是在那些友谊赛当中。这些比赛更是机遇，由此，球员们不仅意识到他们正在参加一项具有最高水准、异常重要的比赛，还能感受到自己作为国家形象之代表者的荣誉。毫无疑问，这种使命感从某方面来讲确实能够鼓舞人心。

代表着整个国家，象征着她的荣耀（为什么不呢？）及其传统，这种想法当然是一剂推动自身进步的催化剂。但同时也不应低估心理因素的影响，比如畏惧失败、担心拿不到冠军、害怕会搞砸等等。

这样的失败或许不只是意味着个人的失败，面对着在台下观望你的整个世界——足球专家及球迷们，搞砸了可绝对不是一件小事。而偶然的失败，即使是遭受不公正待遇，或许也会使球员的挫败感放大好几倍：也就是那种希望落空，并且认为自己辜负了人民厚望的悲观情绪。而且人们恰恰喜欢通过这类赛事，而偏偏不是其他的许多比赛，在一场又一场的比赛轮回中，在这支球队中，重新回味自己国家的荣耀与价值。人们常会评论那些运动员，尤其足球队员，是一帮不怎么爱国的小屁孩，或者会说，无论如何他们都意识不到身披蓝色队衫的分量和意义（可不只是体育意义）。“他们只想着钱、女人，还有疯玩儿。连国歌都不唱！”

有多少次，我都听到了这些被反复挂在嘴边的责备声！出于友善，我当然不想一味强调这些孩子有多规矩，也幸亏没这么说！所有人都爱玩，不单单是那些小伙子们。当有人开始放松、懈怠时，应该以合适的方式来打断他。

我也将谈论这些方面。但是，说到此处，让我真正难以忍受的是那些无凭无据、不着边际的指责。我希望某些道德家，那些时刻准备着谴责一切社会阶层（比如足球队员这个阶层）的人，可以尝试着去看看我们的小伙子们是如何训练的，去听听他们的梦想，去感受他们的热情。

但愿会出现这种情况，比方说，这些很容易出言不逊的诽谤者愿意去感受一下球场边、球员更衣室的气氛，例如在一场重要比赛开赛前的几个小时，正如 2006 年 7 月 4 日那次一样。

只需看着他们的眼睛就够了，你会从中读出“威震天下”的渴望，同时又掺杂着对失败的畏惧，就连我自己也在灵魂深处产生过这种复杂的情绪。一个人总是在别人的目光中寻找安全感，但与此同时，他也会这样说：“有我在，你可以依靠我，依靠我全部的力量。”

言归正传。那天早晨，就像我们通常在这种情况下所做的那样，我召集好全队进行技术上称之为“收尾训练”的赛前训练。我要做的是公布最终的球队阵型，这个信息我从不会提前透露给记者，并同队员们一起讨论比赛的战术安排，即各种方案、策略以及其他内容。

所有球员到场后，我宣读了本次参赛队员的名单，正如上文所说，我本应该安排正式参赛的球员前往训练场，试试我认为能有效击溃德国队的战术与动作。然而结果并不是这样！我告诉小伙子们：“今天上午我们不做训练！我会给你们上一堂课……”

他们的表情十分疑惑，这种反应再正常不过。这确实打破了常规，况且这项常规也由来已久。其实这是一种赛前放松的形式，就像学生在考试前一天，甚至有时是前几分钟所做的那样。就连那些准备得最充分的学生，或者“书呆子”（如果你们愿意这样定义的话）都会放松一下自己。

他们会再次整理一遍思路与概念，重复一下课程内容，即使这种重复根本不会为他们的准备锦上添花。如果一个学生什么准备都不做，自然最后时刻的放松也不一定能帮助他通过考试；同样，那些准备得最充分的学生也不是靠考前再瞥几眼复习资料来为自己加分的。

对于我们来说，训练准备与战术设置当然不可或缺：那段时间，我们每三天进行一场比赛，而且已经经历了五场交锋。但是，提到所谓的“收尾”训练，除了起到提醒球员关注那些最重要、最基础的要领，帮助他们活动筋骨的作用，有时还会带来反作用，学生们对这种反作用再清楚不过了，他们知道的可不比运动员少。

就这样，我打破了清晨集训的常规，撇开方案、策略不谈，而是选择向他们讲述死亡这一话题。那些困惑的表情瞬间转化成了惊讶，还有些许嘲笑浮现在那些最“幽默”的队员脸上。

如今，回想当年，我承认他们当时的反应再正常不过了。毕竟一位教练集合全队来谈论死亡确实不太“正常”，这点必须承认。尽管如此，我仍然保持了平静。我确信自己即将展开的“这堂课”将会比任何“放松”都管用得多。

“伙计们，我没在发疯！我想跟你们分享我的体会，如果有人笑我就不讲了……”当时我想让他们明白，如果他们不当回事的话我就会生气，对他们来说，这可不是一件好事。我承认有时在工作中我会冒些粗话，但这与掉价或者没教养地谩骂毫无关系。正是这些我承认并不太诗意的“语言通行证”，在一定环境下能够对球员发挥少有的效应，或者至少他们不会介意。

疑惑逐渐变成了好奇，我得以将自己的思考继续大声地讲下去，内容大致如下……

在一个家庭中，亲人的逝世是一场惨痛无比的悲剧。经历过的人都了解那种被强烈痛苦击垮的感觉，任何人、任何事都不能填补空荡荡的内心。

人们失去了一个重要的榜样、一份不可放弃的情感，对周围的一切都兴趣索然，甚至无心去做我们习以为常的最根深蒂固的爱好与消遣。也没心思设想未来。这是一场真正的灾难，我们难以走出它的阴影。但是当噩耗降临到一个团结的家庭时，事情会变得有点不同。

痛苦总归是令人悲伤的，这无法改变。但是在家庭内部，一张我们可以称之为“互助”的关系网正得以强化，如此便能以我们更易承受的方式来管理悲痛。或许人们无法为自己寻找力量，来应对悲伤、变得坚强,但他会为他人带来力量。

这听上去令人难以置信,但事实确实如此。对家庭其他成员的责任与爱使人迸发出毋庸置疑的能量。

这是一个团队在面临威胁和危险时所产生的力量。不仅如此,这种照顾他人的冲动甚至超越了生存的本能。这种动力只有在团结一心、凝聚力强的团队中才能释放出来。

与之不同的是自我主义、利己主义的胜利……竭尽全力拯救自己是人类的本能,动物亦是如此。你屈从于它,就意味着确实再没什么可做的了,除非再无其他资源和权宜之计。但是,正如刚刚所提的,感受到自己是一个团队(对我而言,就是一个家庭)的一部分会发展成一种替队友着想、对别人负责的责任与意识,因此也会将这种令人难以置信的力量传播至整个团队。

小伙子们颇有兴趣地听着,但或许不是所有人都能准确理解我真正想要表达的意思。因此,缓缓地,我回忆起了往事。更确切地说,我开始向球队讲述我这些看似奇怪,至少初看上去在临近生死战的节骨眼上对抗击德国队并无明显效用的理论从何而来。

这就要追溯到我同阿尔贝罗尼教授的那场夏季聊天。对我来说,正如引言中所说,这些聊天内容激发了我的思考,既有关于“大体系”(即人与社会的基本价值:朋友关系、情感关系等)

的思考，也有关于我的实际工作的思考：作为一个团队的负责人，我感觉自己是一个健全的整体的一部分，很明显，这个整体包括所有人。当我说到“所有人”时，并不单指所有球员，而指的确确实实是所有成员！包括后勤人员、厨师、医生、替补队员、领队以及教练组其他成员，他们都是最边缘化的人物。

再一次，诚恳地说，我必须承认，不是所有球员都清楚弗朗切斯科 · 阿尔贝罗尼是何许人也，但这并不使人尴尬。我向他们简短介绍了此人，讲了讲我们在福尔泰德伊马尔米镇的会面，然后就回到了 7 月的那个清晨我在多特蒙德启动的那个话题上来。

如前所述，对我来说，那次聊天代表着一股自动促使自己深入思考的推动力。同样，把小伙子们集合起来，给他们讲述死亡，从某种角度来看也可以被视为是一种同教授交换观点后思想升华的表现。

死亡，或者更好地称之为一个家庭新陈代谢时所必须面对的悲剧，恰恰是我们在日常生活中经常接触到的一个概念的升级版，即困难或者障碍。

为了切中要害，我希望球队明白的是，即使每一重障碍或问题都预示着一个困难，我们也能根据相应的情况改变应对它的可能性，去克服它或解决它。一个团队 (我谈论的总是团队) 会使个体的力量得以强化，也有能力去管理危机、抵抗威胁。在我们这个特殊的领域里（悲剧程度当然比“亲人逝世”这个例子小），什么是千方百计阻止我们打进决赛的“障碍”？当那天早晨，在我几十年的职业生涯中破天荒地说出这些话时，上述问题或许是小伙子们唯一真正清楚的事情。

## 成为一支队伍

那天晚上的比赛情况众所周知。这是一场扣人心弦、紧张激烈的比赛，蓝色军团的胜利绝对是值得庆贺的。我们成功击败了德国人的进攻，总体而言，真的不算是险胜。同时，我们不仅做到了继续保持惯常所说的“球场之主”的地位，还创造了数目可观的进球记录，更不用说那些射在门柱上的球了……

客观地讲，就连那些最有偏见的德国球迷也很难在那天晚上否认我们球队应得的荣誉。

我仍然记得当时的情景。当宣告第二场加时赛结束的哨声吹响之后，我发表的感言是这样的：“我们的队伍正尝试着走向成熟，而且还表现出了人格魅力，我对此表示满意。”

确实，我毫不迟疑地将这场比赛定义为我的孩子们一项真正的壮举。德国果然没让我们失望，球场内的气氛已经不能用狂热来形容了：六万德国球迷都梦想着他们的球队能够进军柏林决赛!

但我确信我的队伍在当时已经变成了一个团队,这样的团队拥有超越每一个体技能总和的资源。

那场半决赛的结果众所周知,我认为它将会留在球员们(也许是全体意大利人)的记忆中,至少会如同之前两次对战德国队的历史性“会战”一样(意大利对德国:4比3,1970年墨西哥世界杯半决赛;意大利对德国:3比1,1982年西班牙世界杯决赛)。我相信,现在很适合去回想,哪些苦难曾经在世界杯开赛前的几个月里强烈地震颤过我们的国家队,甚至是整个意大利足球界,这也是为了深化我在前一节里所阐述的道理。

“电话门”事件[1]爆发了。我并不认为这是应该受到特别指责的丑闻。记住我的团队面临当时的巨大困境时所表现出的坚定就足矣。

自豪感、荣誉感以及身披自己国家蓝色队服的责任感,混合着日积月累、构成我们的心理堡垒的友情,这一切将本来潜在的危险转化成了一股人们常说的勇往直前、全力以赴的动力。这是一种证明,确实如此!这是我的工作哲学在球场内外的证实。

对于技术方面我们当时未做讨论:从潜力而言,我们不比任

1 2006年5月,意甲个别球队电话录音曝光,操纵裁判、控制比赛结果的假球事件被调查、审理,故称“电话门”事件。

何其他国家队逊色。但是球员的心理状态与心理动机也可能严重受其影响。这样的比赛结果，或者说这样一次成熟、富有人格魅力、充分了解自己的尝试，确实使人备感满足，仿佛赢得了世界杯决赛的冠军。看到这种反应，我知道我们不应该再畏惧任何人、畏惧任何事。

现在，请允许我跳跃一下，回到从前。2004 年，当我接到卡拉罗[1]的电话，收到指导国家队的邀请时，蓝色军团无疑正处于最佳状态。那年正值欧洲杯，即欧洲足球锦标赛开赛，这还是第一次在葡萄牙举办。然而这片卢西塔尼亚的土地并未给意大利队带来好运，他们甚至没能闯进四分之一决赛。

就这样，我收到了邀请我担任蓝军教练的电话。就个人而言，那段时间浮现在我脑海中的唯一蓝色其实是大海的颜色。为什么这样说呢？当时由于种种原因，我刚从一段旷日持久的俱乐部足球教练的经历中解放出来，本打算休息数月，享受我最爱的消遣：去海边度假。的确如此。

那时我刚刚从肩上卸下担任了八年的尤文图斯、两年的国际米兰教练员的重担。那正是充实而又充满成就的几年，然而在我内心深处，却感觉到了一个历史轮回的结束，能为黑白军团

---

1 弗朗科 · 卡拉罗，意大利体育经理以及政治家，曾担任三届意大利总理、三届意大利足球协会主席。

和蓝黑军团所做的一切我都已经完成了。你们经历过那种久而久之再也不能碰撞出激情火花的爱情吗？就是这样……我当时的感觉或多或少与此类似。在那种情况下，我明白，最好的做法是在保持双方互敬互爱的前提下打破这种关系：事情果真如此，不论是在都灵还是在米兰。

就这样，我开始规划起自己在游艇上的假期，结果却事与愿违。那通邀请电话出现了。毫无疑问，带领国家队是我一直以来的梦想。想都没想，我立马就接受了。担任国家队教练，不仅成就了我教练生涯中的最大抱负，也让我在内心深处强烈地感受到那种不畏艰险、不计得失、时刻准备着面对新的冒险之人所特有的激情。

据我回忆，就算在那个历史性的紧急关头，蓝色军团也没太享受到团结一致的感觉。葡萄牙的失败经历仍然左右着球员们的心情，至少影响着公共舆论。球员被视为一群不配穿上国家队队服的蠢货，还有更为难听的骂声。

冒着重复发言的风险，我仍要说：我感觉自己捍卫的与其说是那些享有特权、时不时会犯些错误的孩子，倒不如说是抽象意义上的足球队员这一阶层，捍卫的是我们自己。但总存在着一些过分夸张、病态的体育媒体歪曲事实，我认为，这点不仅对孩子们不利，也破坏了体育环境。

正如大家所知，在对待球员方面，我并不是一个“软心肠”。我的要求是尊重和专业，如果有必要采取适当的措施，我绝不会手软。话虽如此，我认为，那些球员们在球场内外所犯下的错误，或多或少都还可以原谅，将其放大成整周整周被置于报纸和电视节目上讨论的“热点”，就让人接受不了了。

那些记者谈论体育，振振有词，他们所谈的正是我力图保护的关于球员的私生活等内容的话题。相反，避开这些话题不谈，保持沉默，各人去进行各人喜欢的娱乐项目，这样一点也不坏。

出于友善，我并没有挑起纷争的意思。我只是很难接受眼睁睁地看着长期而艰难的准备工作（体格上，尤其是心理上的训练）付之东流。我们付出了很大的努力，为的是构建一条沟通渠道，沟通目标与关系网，包括情感关系，正是这些负责各种义务的关系证明了我之前所提到的家庭与球队的比喻。当时的一切都存在变糟的危险，我不能坐视不管！未能得到尊重的与其说是球员们的私生活，倒不如说是关乎球队组建的全部工作。这才是要害！

正如我后来领悟的那样，对我来说，没有一支紧密团结的队伍，我们绝对走不远。拥有成熟的技术装备十分重要，这一点毋庸置疑。我甚至觉得，确认它的重要性相当俗套。战术方案与策略不可或缺，如果没制定好，结果不可想象……然而困难（不光指遇上强劲的对手，还包括场内外发生的一些意想不到的事情）得到积极的应对与克服，要比无意识地踢球好得多，这种无意识的行为正是心理与情感无意识（请赐我一个专业术语吧）的另一面与反应，它们见证着球队的团结与否。

只有达到那个境界，我们才能信任一支真正的球队。我想起了 20 世纪初某些心理学家热衷于强调的观点，即“整体优于个体之和”。这个概念之所以让我印象深刻，是因为此话高明地总结了我赞同的那些想法，即使是在明显与足球界毫无关系的其他领域！一支球队，就其自身而言，并不是球员以及其他成员这些个体的简单集合体。它高于此！

请注意是“高于此”，而非变成了其他事物！这意味着，这种“附加值”并不是与团队相并列的事物，也不是团队之外的事物，而是当其成员能够分享同样的激情、同样的目标、同样的动力时，由这个团队自身所产生的。

唯有那时，个体才会感觉到自己身在一个不会抹杀其个性的整体里。此外，感谢那些因合作而产生、促进一支球队的特征或者说独特性之形成的动力，这样的整体更会促进个体个性的发展。换言之，那种力量是个体单独不会产生的，那种团结性使得家庭成为一个社会的堡垒，那样的联系会在其他的时代与背景之下激励士兵为理想而献身。

这点我很清楚，再举例子显得多余。我知道，将一支军队为祖国而奋战的勇气同一支球队为夺冠而踢球的决心并置起来，也显得有失尊重。

但是，虽涉及不同层面，这些符合团队逻辑的动力我认为是相似的。因此，至少从这个观点来看，我确信，正是那个存在于一支军队、一个家庭、一支球队之间的共同点，也就是那笔宝贵的精神财富——主观能动性、亲密的关系、平衡感与情感联系，创造了微妙而珍贵、不同寻常的价值。

这笔财富没有人会馈赠予你，天上不会掉馅饼。这是艰巨而耐心的劳动的成果，是用心合作的成果，这种合作关系应当坚定不移地持续下去，并受到同样顽强的保护，使其免受于外部的“打击”。球队不是靠一群人围坐在桌边就能组建起来的，而是日积月累的结果。

## 一个“扩大”的家庭，一句写出来的句子……

下文正是我在多特蒙德进行赛前训练时希望传达给小伙子们的信息：“如果我们打入了世界杯半决赛，这不是偶然的现象，也不是因为我们幸运。

“当然，有时运气的成分会影响事情的进展——向着更好或更坏的方向，但没有任何偶然因素能够主宰事情的成败。

“也不是你们的自身素质足够优秀，使我们有幸来到这里。个人素质的优秀十分重要，不可忽视，但光有这个还不够。如果我们站在这里，如果我们有理由相信进入柏林的门票唾手可得，也是因为我们曾经一起成长，我们是一个团队。想要成为一支像我们这样强壮、团结、凝聚力强的队伍需要拥有哪些出众的能力，对此你们也是不清楚的。”

我当时的发言清楚明了，虽然刚开始有些“云里雾里”，某些句子还带着隐隐约约的忧郁气氛，但它正变得越来越简单易懂。盯着他们的眼睛看的时候，我意识到这些话语已触碰到了他们的内心。我达到了自己的目的。在我看来，这些话语来得正是时候，不仅是因为小伙子们受到了激励，对世界杯充满希望；更是因为那一刻，他们真的变成了一个团队，而且自身也留意到了这点，激励立刻变成了由肾上腺素和自我评价的心理机制同时起作用的双重激励。

从他们的角度来看，我的讲话如同得到了官方的认可，也就是对一项长期而细致的准备工作所赢得的成果的认可。有时，抓住正确的发言时机也很重要，我相信那一次我没有弄错。事实上，除了唤醒他们对球队价值认知的意识，在这个比赛阶段，为了提醒他们注意自己团队非同寻常的力量，我是这样说的："伙计们，冲向终点是大有可能的！不是我想当然，而是因为如果我们能突破重重险阻来到这里，这表明咱们手上有牌，也有资源（尤其是心理上的资源，而非生理上的），保证我们抵达世界杯的巅峰。"

正如我所回忆的那样，从我 2004 年带领意大利国家队开始至 2006 年，一路走来，困难并不少见，尤其是那些球场外的困难……

显而易见，这两年挑选球员时，我不是总挑固定的那几个，确实会有轮流，要么是因为我的选择，要么在其他情况下是由于运气因素。但这是绝对正常的。重要的是，如果一个人工作的最终目的是为了构建一个优胜的团队，那么即使这个团队增添了新的元素，或者失掉了或多或少的一些东西，其关系系统与联系网络也不会被扰乱。

新人往往对挑选球员抱有巨大的热情，他将会在一种平衡的背景下融入团队，适应角色并不困难——这并非指我常常按照球员的特性而安置的战术类角色。我是指心理—情感类的角色。被淘汰的沮丧感，加上不得不脱下蓝色队服的失落感，带给球员的教育意义和激励作用远非一本书、一套理论能比。

显然，我谈论国家队的道理是很清楚的：这是我在意大利训练过的最后一支球队，也是在当时最后一个与我一起分享欢乐与泪水，分享各种经历的团队，我希望自己能将这些经历带给我的感悟书写成文。

关于上述这些方面，我认为同有关踢球方式或技术方法比起来，它们不一定就是次要层面。但是我希望重申一下我在上一节末尾提到的那个大胆的比喻。

从某种意义上讲，一支组织良好的球队、一个“组成方阵”对抗最阴险对手的家庭，以及一支打仗的军队所产生的那种由特殊动机引发的推动力，在本质上都是相似的。我对此深信不疑！很明显，这三种事物的背景、问题、情况大不相同，但我发现一些基础性的逻辑却有着惊人的相似度。

我甚至想斗胆拓宽我的发言思路，告诉听众：每一个团队都对得起团队这个称谓，因为相对于其个体的简单集合体，每个团队都有能力成为一个有机的整体，它们都拥有相似的关系结构。

并且家庭，按照我的理解来讲，构成了一切团队的母体，即原型，请恕我冒昧这样说。正因为如此，在多特蒙德的那次讲话我才选择了家庭葬礼的例子……不是因为自己品位奇特或是随意的挑衅心理作祟。绝对不是！我的想法是将悲剧或者“困难或障碍”中最坏的成分与球队内最好的方面并置起来，形成对比。

小伙子们彻底懂得了这个道理：大部分成功的背后都隐藏着团队的力量。还需注意，在建设团队这项事业上，创建团结的国家队要比创建团结的足球俱乐部复杂得多。国家队不是天天集训，而是大概每四十天训练一次。

恰恰是这方面的因素不利于球员们相互了解、增强信任感，不利于他们互相建立更深层次的关系，这种更深层次的关系当然比普通朋友之间的关系更好。普通朋友虽然互相认识，却缺乏日常交流，而交流有利于将平常达成的共识转化为踢球时惊人的配合力。

并非出于偶然地，我曾无数次建议孩子们互相之间加强来往，劝他们努力养成这个习惯，即使在科维尔恰诺那次集训的时间只有几天。我建议他们互相打电话，对比、交流各自的思想与观点。不必只谈论足球，什么都可以谈！他们应当互相了解，学会互相依靠与信任。

有一次我跟球员们开了一个特别的玩笑。那时我们正在为德国世界杯赛做准备，正如前文所讲，意大利队踢球不是为了树立良好的形象，而是为了赢得比赛。我向国际足联提出了一项申请，希望他们能组织一些对手之间的友谊赛，使我们有机会真实地检测一下自己的力量。

我们想到了巴西队、荷兰队以及德国队。其中巴西队没能与我们达成协议。巴西足协为球队大腕的出场索要高价，因此我们就放弃了合作……

其他两场比赛却顺利进行了。与荷兰队的比赛于 2005 年 11 月 17 日在阿姆斯特丹举行。一切都很精彩，我们以 3 比 1 的优势击败了对方，不过让我尤为满意的是，我们看到了孩子们的成长，他们自我评价的意识及其肯定自身能力的意识都得到了增强。同德国队的约期是 2006 年 3 月 1 日，两场比赛之间会经过漫长的时间。坦率地说，我当时很担心球员们归队之后，那种六万荷兰球迷齐聚一堂的整齐场面会在他们心目中逐渐烟消云散。那将是真正的厄运。

从阿姆斯特丹回国之后，我们每个人都回到了各自的轨迹。

我们将在2月28日，也就是比赛前一日会聚佛罗伦萨。就这样，我们如约而至。所有球员都到齐后，我告诉他们："我相信你们明天一定会大获全胜，就像'一周前'在荷兰所表现的那样！"

这可不是什么口误。我只是希望小伙子们明白：我们的团队一直是并且应该是像上次在荷兰见到的那样。经过了两个半月的空白期，直到那一刻，他们才又进入了工作状态。

我说得在理：刚刚开场二十分钟，我们就踢出了3比0的比分。最后的结果是4比1。我们很强，那正是我想要的一支队伍！然后，"电话门"事件就爆发了。从与荷兰队开始比赛到同德国队一争高低似乎过去了很多年，而不是两个半月。一切均须从头再来，对此我已经谈论太多了……

另一个方面也不可忽视：国家队队员都来自不同的球队。或多或少出于偶然因素，在一些相处不太融洽的队员之间可能会发生激烈的竞争、争执，这些情况并非反映了一场战役的行动计划，而是会影响赛事的进展。尤其该由教练员来调解此事，使球员们明白这种情况应当被"阻挡在外"。紧张的局势可能会引起分裂，因此它是不合时宜的。

那些试图让这些紧张局势回到一个更适宜团队建设的气氛中去的做法注定会失败，任何事物都能成为其失败的原因，最好另寻他法。只能放弃那些有害的成分……我们别无选择！没有人，也没有任何原因能够允许自己去破坏球队的计划。我将会多次重申这个理念，不只是因为我认为其必不可少，还因为一个团队，不只是体育团队，可能会遭遇许多原因各不相同的分裂局势。

说到各大俱乐部球队，也存在一个足球教练以及经理不可忽视的事实：外国球员的不断增加。足球这个世界已经"全球化"许多年了。我不想在此纠缠问题的实质，片面地去评论此现象究竟是好是坏。这个问题需引起注意，此外，它还完美反映着社会的变化。

总之，历史是一面镜子，历史告诉我们，迁徙、移民以及"通婚"是一种自然规律，而非例外。我认为体育虽代表着一种特殊情况，却也不是例外。从这个观点来看，小世界也是更加广阔的经济与社会的缩影。

在讲话的结束阶段，我简单分析了这个有趣的足球"全球化"现象：每个球队中有越来越多说不同语言的新面孔加入，除了足球经历之外，他们的人生经历与历史过往也都是非常不同的，更别说那些完全迥异的方面了，比如宗教信仰、世界观与文化差异等等。显而易见，所有这一切都代表着一种财富，一种更为高级的成长机遇。但是大家必须懂得去接纳它，将它视为珍宝，否则，若有一次比赛表现糟糕，这笔宝贵的资源就可能会转化成瞬间爆发的危险。这再一次关乎团队的逻辑。

如果符合这个逻辑,就不存在语言和文化障碍:当合作的精神扎根于一支球队时,球场内外的分享不仅会成为可能,还会进化成一种对所有人的成长都有利的机会。我确信的全部道理不是别的,正是我经常提到的那条心理学理论的变形版,因此一个有机的团队是优于其个体的简单堆积之和的。在此情况下,这种附加值的价值不仅仅在于帮助其团队取得可能的目标,还会促使其团队拥有建设一个微小而又紧凑的"共同体"的能力,去战胜困难,去消解文化冲突所造成的误解——我们不是虚伪的人,文化冲突确实存在。

我相信这是一条积极的信息,无论是对于体育界还是整个社会而言。宽容与分享预示着相互认识与理解。就像在家庭中那样,两兄弟互不交流、互不扶持的话,整个"家庭体系"也将面临不可避免的崩塌命运。

一种理念,一种我尤其想论证清楚的理念是:一个团队,无论是什么样的团队,不仅仅是一支球队,都不是一台机器,而是一个鲜活的身体,一个有机体。我适当解释一下。一台机器,我们假设是汽车,也是由众多零部件所组成的一个综合体,这个综合体在某种程度上也比所有零部件简单罗列在一起的"整体"要高级得多。

然而，若有一个零件坏了，我们可以拿一个一模一样的来代替它。从本质上讲，那台汽车还是同一台汽车，它保证了同样的性能。由于种种原因，一个团队就不是这样。即使只是一个元素出了差错，那种危机也会立即引起连锁反应，波及其他元素。确实，在这些情况下，团队中“健康”的那一部分就应该来帮助身处险境的那一部分。

然而，更重要的是，一个团队中的成员是不可“替换”的，至少不像机械零件那样容易更换。把球队中的一名球员换成另一名，即使这名球员的战术和技术特征与前一名相似，两人也不可能完全相同。这样的补偿有点过头。事实上，新球员的插入会改变整支球队的战术格局，其中也包括心理、情感上的格局。

道理如同写文章。越是那些不太专业的作者，在他的文章中某些内容发生重复的概率往往就会越高。书面文章往往要求具有比口头语言更加丰富的词汇，因此，由于不同风格的需要，当我们写文章时，须字斟句酌：简单句、复合句、段落如何去构造，名词、形容词如何去选择，都关系着作者的意图能否被准确传达。

我们可以看到，一个句子也像是一支球队。我已亲身体会到了这种相似性，这正是说服我去“写”一本书的原因之一。依我之见，写书对教练而言是一种远离球场的自我训练方式。遣词造句意味着用战略的眼光、根据不同词语的不同特征与功能来安排每一个句子元素，从而形成一个整体，即那个句子的整体意思，这个整体有力地超越了简单的词语以及标点之和。

因此，我在调兵遣将方面应当格外小心，例如，若一个逗号的位置发生改变，也会改变“整个”句子的意思。一支球队也是如此。写作时，假设我们碰巧遇上了可恶的重复，选择另外的词句来替换它再平常不过，但是我们就会再一次面临改变句子意思的风险；为了保持原意，我们很可能就会打乱整个句子的结构。球场上的情况亦是如此。

反之，也会发生用替换球员来改变球队格局的做法。无论哪种情况，都需要强烈注意整体与部分的关系，在活跃的机体或是语言里都存在着这种关系。

整体与部分之间存在着十分微妙的平衡，这种平衡正是球队比赛方案、模式与策略的原动力。这是一位教练产生其足球理论的背景，在这一背景下，理论观念应当同具体的人力与技术资源安排相适应。如此看来，理论与实践并没有割裂开来或是互不干扰：我有一些可供调遣的球员，我为他们制定了严格的方案与阵形安排，我相信这种安排一定能够帮助我们赢得比赛。

事物往往比我们想象的模糊，我认为从我试图阐明的团队的观点出发，有利于帮助我们认清事实。球场内外不存在任何的强制行为。自我定位准确的球员会互相影响对方。

但这并不意味着在一个团队内，例如在家庭或是军队中，人们生活在一种混乱而失常的氛围之中。规则总是存在的，它们不可缺失，同样，权威也不可缺失。如同足球教练员的比赛方案与可供调遣的队员之间存在着复杂而模糊的关系一样，从一支球队来看，权威以及权威性只有在不强加任何“家长—主人”或者暴君意志的情况下才能产生意义。关于这点，我将在下一章展开讨论……

# 真实与权威

权威由很多因素构成：严厉、专业性、竞争力以及个人魅力、情感、自信和信任。领导者并不是靠独断专行来令人信服，而是因为他的权威而得到承认。

FOP
2013

# 如何避免成为只会下命令的主帅

哦，规则。我意识到还有一个复杂而棘手的问题仍然悬而未决，那就是团队内部的权力和权威性。我相信，这个话题的敏感性取决于它所涉及的范围，因为上述问题并不仅仅局限于体育界，也存在于其他领域，包括企业界甚至政界。

我并不是要刻意超越我所熟知的领域，我对这些领域的了解也并不如对足球的了解那么深入。我只是想表明一个观点：我所写的内容具有能动性。我们所有人都生活在一定的限度里，在这个限度内，我们是主体多样性的一部分，不同的主体之间相互作用，相互影响。这个限度可能是一支球队，是一个研究团队或者工作团队，甚至是一个党派，这些都变化不大。

我曾说过，当高层强行下达武断命令，甚至不加以任何解释时，团队的观点将很难得到共存。我将这种现象称为“家长—主人”式的行为，或者独裁式的行为，事实上这二者之间是有着某些联系的。

拒绝上述形式的权威并不意味着否定一个团队中应当具有的价值等级。在团队中理应遵守某些重要的基本准则，其中就包括认可权力和权威。这么说可能会显得有些矛盾。更直白一点说，依靠强权命令，也许会得到下属的绝对服从，但同时也会让下属感到畏惧。虽然这也是权威的一种方式，但我认为它会与逻辑性和能动性的发展趋势相背离，而后者恰恰是组成一个成功团队的关键所在。

针对这个话题我还想补充几句。我认为权威性对于任何一个团队管理者来说都是至关重要的，无论团队是何种类型。但用强权来控制团队内的合作者，只会获得脆弱的服从，即使这种服从表面上看起来有可能是强大的。

我的脑海中浮现出许多暴君的悲惨事迹，他们的残暴曾经让世界沉浸在哀伤之中。他们所制造出的恐怖氛围在控制局势方面是有效的，但是这种强势而极具侵略性的权力终会产生脆弱的萌芽，为反抗铺平道路。终有一天，反抗会演变为起义或者叛乱，具体视情况而定，不过结局都是终结暴君的统治。

利用心理上的恐惧来控制下属不是组织团队的良好方式。“首领”利用下达命令的策略可以获得下属的服从，但不会获得尊重与信任。下属对团队的归属感不是建立在无意义的奴性从属地位之上的，团队如果缺少纵向联结领导与他人的纽带，又缺少横向联结团队各成员之间的纽带，那么团队的凝聚力就无从谈起。

由此反应出的专制独裁就形成了一个脆弱的团队，团队里的每个成员都是听话的附属品。这样的附属关系不会使任何人处于最好的状态，相反，每个人都会趋向于只做自己非做不可的事情，只想着个人利益——出现上述行为不难理解，但这种形式的团队与我想阐释的截然相反。团结一致与共同目标恰恰是在“暴君”展现出他的脆弱之时才会觉醒。这并不是偶然情况。只有在危急时刻才会产生共同的目标、强大的动力，而终点即是推翻“家长—主人”式的统治。只有一个“团队”才能完成这项任务，因为没有任何人能够单独具备这种力量。因此人们需要结成同盟、加强联系，并且逐渐意识到：只有合作能为所有人，为每个人带来益处。

事实上，在团队中并不存在以崇高的集体名义消除个体、个体独特性或者个体利益的现象。相反，集体利益与构成“团队”共同动力的目标也同样是认可个体的前提条件。我们不妨逐步理解这句话的含义。

至此，我已经清楚地说明了独裁专制与团队之间的不兼容性，现在我需要更加详细地向大家阐释角色、责任、权利与义务等内容。

首先，我认为每个肩负团队责任的人都应当学会认识团队。在某些情况下，还需要认可团队。接下来，我将通过讲述一件发生在我身上的事情来进一步阐述这个观点。

2006年夺得德国世界杯冠军之后，我决定离开意大利国家队，其中的缘由相信大家都已清楚。我最初的意图是希望好好休息一下，没想到却开始四处旅行，目的不是为了观看吸引我的球赛，也不是为了参加广播或电视辩论。

但是，如同前面提到的那样，我确实接受了一系列不可思议的邀请——起码对我来说是不可思议的。因为我还不太习惯担任一个演说家，去谈论足球和我称之为“工作哲学”的理念，请各位原谅我那一丁点的自豪感或者虚荣心吧。实际上，“工作哲学”这个高深的专有名词并不是我创造的，而是来源于我所参加的“创造者、哲学与工作”会议。会议地点设在米兰的弗朗科·巴伦迪剧院，主办方是生命健康大学与圣拉斐尔出版社。这是我人生中第一次与意大利杰出的哲学家、资深记者和知名企业家共同出席讨论会，与会人士包括马西莫·卡奇亚里、朱利奥·乔雷拉、埃马努埃莱·塞韦里诺、弗朗科·塔图和阿曼多·托尔诺等。我刚开始觉得很不自在，但后来慢慢地开始意识到自己的优势。我的许多非理论性的见闻可以成为参与讨论的话题，我甚至还可以在听完参加会议的“同仁”们的发言后，对他们的观点进行进一步的反思总结。

现在回到那件我要讲述的事情上来。一次，通过朋友介绍，我接受了一个当地卫生机构的会议邀请，去讲述我在球场内外的见闻与经历。我用了一点必要的时间阐述了自己的观点。在此期间我受到现场观众的热烈欢迎，当然，这在我每次出席公开场合时都会遇到。但是，我注意到在场人士对我有些怀疑——这种不信任的感觉我在之前提到的那次哲学会议上却并没有体会到。好在这也没有什么大不了的，我都明白。

假设我是一位医生或者卫生局长，碰上一个足球教练，比如世界杯冠军队的教练，来跟我解释怎样组织一个工作团队，我可能会摆出一副带有少许自以为是的姿态，傲慢地说：“这家伙居然还敢自负地跟我解释这些问题？赶紧回去做你的足球教练吧！”如果我真这么说的话，那我就错了，大错特错。错误的原因，并不是因为我认为教练是生活中的智慧大师，是处处传播知识的先驱。绝对不是这样！

在这里我试着向大家解释清楚错误的原因。我试图阐述这样一个概念：一定程度的能动性是每个团队的特色——当然，具体程度根据情况的不同而变化。因此，当你面对着一个有能力带领团队达到国际顶尖级水平的人时，这样的经历本身就应当是具有建设性的。

我的发言结束后，就到了观众提问时间。在观众席上的众多护士、医生、主任医师以及其他医院领导之间，有个人举手发问。那是一位卫生局长，他带着一种莫名的优越感对我说：“亲爱的里皮先生，您谈论优胜团队的时间过于仓促了！真正的问题是，我和您不同，我可没办法挑选我‘团队’里的成员，只能和现有的成员一起工作……”

在回答他的问题之前，我思索了一会儿，当然，这也是为了平复我稍稍激动的心情。提问者的态度让我感到生气，关于这点我并不否认。在那几秒钟的时间里，我想明白了一件事，卫生局长的想法恰恰代表着一个拒绝团队合作的典型例子。我想了想，调皮地回答道：“亲爱的局长先生，祝贺您！如果与您一起工作的人听到了这番话，知道您是这么想的，那他们一定会感觉特别幸福！”

不用描述我做出以上回答后，现场的掌声有多么热烈。那些掌声与其说是赞扬我的，倒不如说是谴责卫生局长的错误的，他不讨喜的讲话不仅公开地羞辱了与他一起工作的人——无论职位高低，还羞辱了现场所有出席会议的人，或者说几乎所有的人。

不难看出，提问者本来并没有想要以任何方式贬低他的团队，但结果却是如此！如果我所说的俏皮话不可避免地会导致他的团队受到分崩离析的影响，那么我们就有必要来一起分析问题的实质。在我看来，局长所提问题的前提就是错误的，我当时也向他解释了这一点。在现实生活中，教练总是能够随心所欲地挑选自己球队的成员，这一说法是不正确的——无论在俱乐部球队还是在国家队都是不现实的。当然，技术指导有权利挑选他喜欢的队员，但实际上，当他继承整个团队的时候，也就接手了他的前任未完成的所有工作。技术指导不仅不能忽视这些工作，还需要在此基础上继续完善。在一个相互作用的系统，尤其是一个团队中，内部的每次“替换”都会带来很多不确定性。

卫生局长听到我的回答后，又提出了一个问题，他说自己和医生之间存在着一种复杂而又分明的等级障碍，这种等级障碍不仅阻碍了彼此间的沟通交流，也使他们的关系复杂化。对于这个问题，我回答说，或许他真正应该思考的是如何建立团队、认可团队。当然，我只能做出一些假设，因为我不了解医院里机构设置的详细情况。假设我是卫生局长，我会首先组建一支由我、主任医师和其他医务人员组成的团队。这些人应当成为与局长每天沟通交流的人，是团队的组成部分。

我的想法是，要让这个团队里的每个成员、每个合作者都肩负一定的责任，这样才能保障局长所下达的各项指令能够明确、高效率地到达接收对象那里。如果指令未能得到良好执行，那就是团队内部出了问题，局长不应当漫无目的地发泄不满、散播消极情绪。

我讲述这件往事是想说明，像这样互相交换意见的经历对于我自己也同样有着深刻的教育意义。认可自己的队伍不光意味着我有权挑选谁进入国家队，或者决定谁该上场，更多的是在一个球队敏感而细微的平衡中，我能向谁交待什么事情。我并不只是在说运动员的竞技—运动技能，而是指更深层次的东西。作为教练，不仅要深入了解团队成员各自的性格特质，还要懂得利用他们的能力和可塑性，让他们在团队内部发挥各自的角色并肩负自己的责任，这种责任意识会经常促使队员们给教练带来巨大帮助，因为每个独立的个体都在努力地巩固整个团队的团结。

# 即使面对“载重卡车”也不畏惧

有一本书，我常常回头去反复阅读其中的一页。我非常喜欢那位作者的风格，虽然他并不是专业的文学家。事实上，他曾经是一名将军，但在我看来，他知道如何在书页中安置他的思想，在总是很精准的句式中配置词汇，这种能力与他在战场上指挥部队的能力是相当的。他成长在反拿破仑战争时期，并且是一个有深厚文化底蕴的男人。这个人名叫卡尔·冯·克劳塞维茨（1780—1831），这本书就是经典军事著作《战争论》。（他去世后，这部作品在他妻子的努力下发表于1832年，共三卷，但第一版并不完整。）

第二卷《论战争理论》，第十四段中如是写道：

任何理论在涉及伦理因素时都会变得无限困难。当论及艺术的素材时，建筑和绘画都处在一个非常安全可靠的境地;在结构和光学方面总是会有人认可。但是当他们创作的精神效力开始发生作用时,当需要产生一种精神和心灵上的震撼时,整个规则体系都在理智的不确定性中解体了。

还有：

医学艺术并非致力于大部分只是身体症状的病例;它还与动物机体有关,可以这么说,动物机体是处在永恒的变化中的,每两个月后都绝不会与之前相同。这就使医生的使命更加困难,并且将其识别力置于其学问之上。而当出现精神并发症的时候,病例就变得更加困难了,灵魂的医者则应该被置于相当高的位置。

克劳塞维茨,这个伟大的战略家,还原了那种棘手关系的复杂性,而我则将这种关系重新引向了理论和实践的必要结合,也就是阵型、战术等和队伍的运动训练以及心理和情感准备,就像他所说的"伦理"因素之间的必要结合。

这位普鲁士将军直击要害,显示出一种透彻的认识。他明白,恰恰就像一名医生面对一具"永恒变化"的"绝不相同"的身体一样,一支军队也绝不会一成不变,即使这支军队还是由同样的单位组成。一个团队正应这样了解自身的变化,即使有时这些变化不是特别有影响。

至于所谓“灵魂的医者”的优先性,它最好地证实了在我的教练经验中,具体地凭直觉获得,但并没有形成清晰理论的感悟。“灵魂的医者”应该是一个渴望成为队伍领袖的人。首先,因为他知道“认识和再认识”“他自己的人”,正如之前所说;还有一个原因,我在上文也试着解释过了,一个队伍的领导者,如果处在居高临下的位置,并且严重地独断专行,是不利于形成一种协调一致且充满决心的环境的。

一支球队的教练,就像一支军队的将军、一个企业的首席执行官,也像一个家庭中的父亲,应该有能力“识别”“他自己的人”,同时也应该让自己得到“自己人”的“承认”。换一种说法就是,他应该知道怎样一天天地逐渐获得“来自底层”的承认。这并不是向别人乞求尊重,而是要知道如何在赛场上为自己赢得尊重,同时展现出他的权威。权威由很多因素组成:严厉、专业性、竞争力以及个人魅力、情感、自信和信任。领导者并不是靠独断专行来令人信服,而是因为他的权威而得到承认。他的脱颖而出,就像他作为参照榜样而出现一样,是这个团队本身的自觉的需求。

这个时候上下级之间就不再是从属关系,而是遵守一个被认可的价值：一种从内部产生平衡和合理的等级间的互动关系。另外，在一支球队中，领导者并不是只有一个人。当然，教练应该处在这种角色的高处，否则一切都会变得更加困难。但经常发生这样的情况：两三个球员，由于他们自身的个性和成熟性，能够得到队友们的极大信任，因此成为了有用的“灵魂的医者”，在面对困难的任务时，陪在教练身边，帮助队伍的管理和发展。

在我身上就经常发生这种情况，在所有人中我点其中三个人的名字，以免有人会不高兴：在自己的队伍里能够有像佩鲁齐、费拉拉或者卡纳瓦罗这样的人，就是一种保障。同时不应该忽略这样一个事实：这样的人物会脱颖而出并且成为教练的有力支撑，也带给其他队员们成长的机会。这也是建立在良好的团队理念基础上的工作的结果。或者仍然用冯·克劳塞维茨的话来说，就是“灵魂的医者应该被置于相当高的位置”，高于任何战略专家或者运动训练专家之上。

在这一点上我与阿尔贝罗尼非常一致，他跟我谈论过，根据他的理解，大约有两种领会命令的方式。根据这位教授所言——他在《球队》一书的前言中重申过这个观点——存在两种领袖，一种是那些认为应该自己独自完成一切的领袖，他们不听取或者心不在焉地听他们的合作者和追随者的建议和意见，不做讨论，只是下命令，仅此而已。他们也许非常能干，能够激发热情，甚至有时能够获得不小的成功，但是他们身边最终只有平庸的人，只有那些只会说是的人。然而，另一种领袖，尽管他们享有极高的威望，但却生活在他们的合作者中，听取他们的意见和建议，与他们讨论，并且不会一声不吭或武断专横地就做出决定。

成为第二种领袖，或者说成为那些领袖，那些知道怎样建立“一个团结的集体，一个由能够自觉理解、服从并且在适当时候积极创新的个体组成的集体”的领袖——这是一种挑战，同时也是一种志向和抱负。

同意，但如何才能做到呢？怎样才能获得“来自底层”的关注、尊重和信任，并且给这些心灵逐渐灌输热忱、激情和动力呢？

我没有现成的良方，也并不是要护着一个特殊的秘密。至于个人魅力，这在“头儿”身上是非常重要的，要么有，要么没有：个人魅力是逃不掉的！按照曼佐尼[1]的观点，这就和“勇气”一样，一个人是不能将其赋予自己的。因此唐·安保迪奥[2]必定没有雄狮的心，他在一生中永远也不会成为他身边的人可以参照学习的榜样，尽管他披着受人尊敬的外衣。然而，其他一些品格和举止是可以培养的，它们可被用以侦听“你的人”的灵魂，并

1　曼佐尼，意大利文学家，著有长篇小说《约婚夫妇》等。

2　唐·安保迪奥，长篇小说《约婚夫妇》中的角色，懒惰而胆怯，在面对困难的时候总是退却。

且将它们统一协调于共同的频率之上，即：在自己所做的决定中表现得可靠、真实并且坚定。

让我来解释得更清楚一些："可靠"对我来说是指一件非常精确的事情。换言之，使自身的能力为团队所用，总是准备好应付一切，无论怎样都要承担自己的责任，最后要能够随时听取他人的意见并进行比较。在这种多面的透明中，才能建立起自己的可信度，不管是做人还是工作都是如此。

要做到这一点，并不是"从高位"分发智慧的明珠，而是需要知道怎样成为球员们（如果是队长，那么就是怎样成为队友们）的一个具体的参照，有时甚至要成为行为举止的榜样。因此要成为可信任的人，就要有自行选择的勇气，并且承担属于我们的责任。所有的这些就是可靠性的含义，这是任何一个想成为，或者说已经成为一支队伍之领袖的人所不能缺少的。

比如在"电话门"事件期间，我们决定不封闭自己，不向媒体保持沉默。尤其是在德国参加世界杯时，我们清楚地知道，除了关于我们小组比赛走势的问题，还会被问及不少跟球场毫不相关的其他事情——有时甚至是一些挑衅。

从个人角度来说，我并没有忽视这样一种可能性，就是关于这些微妙话题的论战可能会影响球队的情绪。但最终，我决定不管怎样还是要面对记者们，包括那些并不依照事实真相，反而没有理由地大肆扬尘的记者们,这些人在意大利为数可不少呢。我选择这样的行为首先是因为,就我来说,我没有什么可畏惧的,也没有什么需要隐藏的,但尤其是因为,我想具体地向小伙子们证明,整支队伍不应该害怕什么。我们应该昂首前进,坚信我们自己的价值并且坚定我们的诚实。

当我从一次败北中归来,在新闻发布会上,我也不会逃避枪林弹雨一样的种种问题,无论如何我都更愿意解释我的理由,阐明我的选择的原因,包括那些错误的选择。这并不是自负,而是清晰透明的另一个方面,依照这种透明性,除了无畏地承认犯下的错误,我认为还应该让公众了解到那些导致最终并不非常有效的选择的考虑和原因。

我绝不想同意大利的体育媒体论战,但这是一个事实,那些在国外踢过球的人应该会赞同我的观点:意大利的记者们所给的压力,在别处不仅没有,而且也让人无法理解。那些来到意大利的外国足球冠军们都被那种狂热和激动所震惊,这种狂热和激动有时会让人们在球赛中的困难时刻反对和辱骂某个球员或者某个教练,除非他在下半场开始不久能够以闪电般的速度摆脱困境、恢复正常。

就是这样,我选择不自我否定,这不只是我的明确直接的风格和个性的结果,也应该吸引球员们并成为他们的榜样,就像我对他们所说："你们不要畏惧任何事情！"据我的经验，我可以说，这种启示通常都会达到目的。

我常常开玩笑说，意大利的记者们就像加足马力向你全速冲过来的载重卡车一样。我想看到我的小伙子们不吹牛皮，并且尽管坦率地承认他们的局限和错误，但在面对这些"载重卡车"的时候并不会表现出畏惧和犹豫。

如果我克制自己，不把这些说出来，我就不是一个可信任的人。然而，我把自己置于争论之中，用实际行动向球员们表示我对球队负责，对其可能发生的错误和所做的选择负责，因此也表现出我对他们以及大家一起所做工作的深深信任。

这支球队保持着团结一致，他们感觉自己受到了保护，同时在我的行为中获得了面对这个世界上所有"载重卡车"的动力和勇气。也许一个人无法赋予自己个人魅力，但可以给自己勇气，至少在一个团队内部可以如此。事实上，唐·安保迪奥是一个人在"踢球"，他感觉不到被任何人保护……

## “冠军”从来不是一个人

有一次在电视上，我听卡梅罗·本内[1]（他还是一位非常内行的足球爱好者）说：“人才随心所欲地做他想做的事，天才做他能做的事。”然后他补充说：“我总是缺乏才能，所以不是天才。”我在他的一篇题为《一幅肖像画的自传》的文章（收录于《作品集》，米兰邦皮亚尼出版社，1995 年版）中又看到了这句话，并且试着思考这些定义有多少适合用来描述“冠军”的灵感和“第一名”的天赋。

我觉得自己领悟到了其中的某种联系，即使我也意识到，本内在那句话以及这篇难懂的《自传》余下部分中，多么想突出那些将天才束缚住的锁链——包括那些物质的限制，这些锁链甚至将天才钉住，使其成为日常琐事强加给我们的需求和义务的可悲的奴隶。而人才能够想办法摆脱这些，给自己开辟一个可

1　卡梅罗·本内，意大利当代作家、剧作家、诗人、演员和导演。

以而且能够“做想做的事”的空间和时间。

在卡梅罗·本内的定义中含蓄不明地出现的锁链概念，从这个角度来讲，对于我展示团队的重要性也是很有用的；尽管如此，在足球的世界里，真正的天才是很少的，而人才的出现也要感谢他们所处的背景环境——我相信我的这个看法在更普遍的领域也是行得通的。

让我解释得更清楚一些：在现在的用语中，我觉得似乎“第一名”和“冠军”基本上被认为是同义词。这两个词都通常让人们想到那些表现一个球员不凡之处的技术和/或体能。然而我更想区分一下这两个词。

在我看来，“第一名”就是那个球员，那个运动员，那个拥有卓越天资的个体。在这种情况下，“第一名”没有其他人的功劳，他天生就是如此。他天生适合某项特定运动，而不是随便一项其他的体育活动。他拥有不同寻常的自然天赋。

显然，这样的因素会给一支球队很大的优势，强调这一点甚至都显得有些平庸了。然而，从多种角度来看，还是需要注意和当心，以免那个年轻人对自己高于很多同伴的才能的自知变成一种瓦解性的消极因素。

了解自身天资的“第一名”会妄想得到其价值最高点的酬金。到这里，经纪人和领导层通常可以达成基本平衡的一致协定。我不想偏离到虚假的伦理主义去,我不是那样的人。但别忘了我们在谈论那些最后进了年轻运动员腰包的常常令人眩晕的巨款。

有时也会发生这样的事,我不说这是情绪激动、头脑发热,但至少也是失了分寸。我们说明白一点,我不是特别暗指他们私生活中可能有的奢靡和放纵。我所谈及更多的是忽视团队价值的风险这个事实,而团队价值也是至此我努力想要解释说明的。但我们还是按顺序慢慢来。

我所定义的这一系列"第一名"只是如下这种:一旦他的重酬得到了保障,而且他认为这样的酬金是对他保证了其所在球队价值的补偿,他就会想要得更多。他还想赢,因此他要求周围有一支队伍既可以让他处在聚光灯下,也就是说要显眼,要总是处于关注的中心,包括舆论中心,也可以让他达到那些巩固他的名声的目的和终点。

注意,我不只是指这件事,很明显的是,团队的成功会使单独个体的酬金上涨。我也想过另一个完全是心理的方面。除了钱以外,"第一名"想赢,为了赢,他会苛求整个团队为他而运作——他觉得自己是整支队伍的支点,觉得是他个人在解决问题,在创造不同。有时候事情就是这样发展的。

有很多"第一名"的例子,由于他们的个人能力,他们在各自的球队中有效地有所作为。但是,如果观察这些球队的长期表现,可以发现一些着实有趣的事情。在一年的某些特定时候,当那个“第一名”充分显示出他最高的能力时,那支队伍似乎是无敌的。它的比赛水平极高,也是因为通常在一支球队里,尤其是那些有名望的球队中,不止有一个“第一名”。然后,突然地,就崩溃了。“第一名”退出了,而球队就轰轰烈烈地坍塌了。

我不想将这种成绩的下滑归咎于“第一名”。这是符合人性的,也是符合生理学的:世界上没有任何一个球员能够整年都展示他的最高能力,也不能在无数需要面对的比赛,比如冠军赛、杯赛、国内联赛及其他赛事中始终保持最佳状态。

我的话题是另一个。对我来说,“第一名”和“冠军”是有天壤之别的。我认为“第一名”,用卡梅罗·本内的话来说,正是那个“做他自己想做的事”的人,或者说是那个即使可以自由,也很难在团队逻辑中思考的人。在他的眼中,球队应该是一些高水平的球员,是卓越的技术和体能的并置,或者说完全是团队及其内聚力带来的增值的对立面。

相反,“冠军”则不是一个个人主义的人物。这两种类型的球员的不同之处大多不在技术质量上,而在个人品质之中。“冠军”也是一个高水平的球员,但是他不总是,而且不必须是有惊人的精湛技术或者非凡的比赛成绩的天才人物。他更多的是一个知道怎样“做成团队”的人。

我在前面就已经说过：一支队伍，如果构成良好，就不会辱没了那些卓越的人；相反，它需要他们，甚至也会促进他们的发展。“冠军”球员就是最明显也最意味深长的例证。他因为自身能力，但尤其是因为个人性格而凸现出来。通常他都是一位有个人魅力的人物，不管是在更衣室里还是在赛场上，他都知道在正确的时候成为所有人的参照榜样。比如，你们可以想想弗朗哥·巴雷西为AC米兰所做的事情，或者法比奥·卡纳瓦罗为赢得德国世界杯的国家队所做的贡献。在这两个例子中，我们面对的都不是非常惊人的球员，但他们代表了那些个人模范，这些模范建立的队伍能够让它的每一个成员都突出发挥各自的特性并做得更好。

之前我所说的权威的、能够成为教练的得力助手的球员，就是指的这种类型。对于一支球队来说，“第一名”是有用的，而“冠军”是不可或缺的。“第一名”让球队闪烁一时，而“冠军”则保障了延续性。实际上，一个球队的组成中如果有一些“冠军”球员，就不太会遭受成绩的激烈波动，就像我之前所说的那样。这是因为，即使有些能力强的球员退出了，但其战略和心理基础仍然还在，这可以保障球队有稳定并且仍然高水平的表现。另外，即使某位“冠军”球员退出了，他仍然会继续成为榜样。

我来给大家举个例子。迭戈·阿曼多·马拉多纳曾经不只是一个不可企及的“第一名”,他还是一个“冠军”。他曾是那不勒斯的灵魂,包括在那些脆弱和困难的时期。他清楚地知道整支球队在围绕着他踢球,但他也为了整个团队而踢球。和所有伟大的球员一样,他明白“冠军”不是随心所欲做他想做的事,也不是一个人！用一位文学“冠军”的话来说就是,“他所拥有的是他所奉献出的”。

“冠军”是慷慨的,而不是一个不可救药的个人主义者。他凭直觉知道,一方面他是球队的力量,完全对称地,球队也是他的力量。他是一个有凝聚力的积极向上的人物。创造不同也就是这个意思。我的经验告诉我,他更多的是带来成果的连续性,而不是孤立的天才的一时之光。

换一句话说,我不是很相信“才能和放纵不羁”这两者的结合。更明白地说,我认为一支球队真正需要的天才是那种将自身的才能贡献出来,用来建立一个整体,而不只是促进某个个体的人,尽管这个个体很珍贵。因此我想,到这里,就该知道教练也应该在对待“冠军”和“第一名”的时候采取不同的行为方式。(当然,如果球队里有一些人才,对教练来说则是非常有利的。)一方面,教练实际上有了一个“肩膀”,也就是说能得到有力的帮助;另一方面,他们是一种珍贵的财富,但也是潜在的分裂瓦解因素。怎么办呢?

那么就试图从每个人那儿“拽出”他们能贡献的最好的部分。这就是哲学家们所说的“发问术”的实践。但是发问术也有局限。以前经常发生在我身上的是,我常和一些杰出的,但是对团队的发展不太敏感的“第一名”打交道。我曾经努力地去和他们进行对话,并且向他们解释那些他们当时也许还无法明白的东西,但终究不是所有人都以同样的速度成熟起来。这个很多年轻人还缺乏的观念,也同样是我写这本书的理由,那就是整体和个体之间的平衡。一支球队如果想要赢得某些东西,这样的平衡就是不可或缺的。

用非常简单的话来说,那些生来就很有天赋的人总是不太遵守团队的规则,他们不明白胜利是一起创造的,不只是因为获得的奖励是集体的,所以我们所有人才都会很高兴!还因为,如果不是为了共同的目标而一起努力,就到不了任何目的地。不,我纠正一下,应该说只能去到一个地方:回家!而在家,要向整个世界展示自身无双的天赋,并不是那么容易的,想要得到总是很高的薪水也是很难的。

那么在这些情况下,教练就处在了一种进退两难的处境中,他应该负起责任做一次选择。实际上,用一次“谈话”并不总能解决一切问题。当然,一个教练会尝试所有办法,努力使自己善解人意,同时思考过渡时期的可能性。我没有忘记冯·克劳塞维茨的告诫:我们是在跟处在“永恒变化”中的“人体”打交道,而一个“灵魂的医者”是不应该忘记这一点的。

但是任何东西都有局限性,包括发问术。事实上可能发生这样的事情,一些自身价值无可争议的球员在融入团队时会犹豫不决,甚或拒绝这种类型的谈话,尽管我已经用各种办法给他们解释了遵守某些规则的理由和必要性。

在这种时候,就需要做决定了:要么冒着可能给球队带来的风险(不仅仅是从成果来看),利用“第一名”的天资和断断续续的才干,要么就不要他也行。

通常我选择第二种时都是非常不情愿的,但我不会把一个原则问题说成这样:“你不服从我的命令,所以你就滚!”我很重视要强调这个方面。如果我克制自己不讲这些道理,我就会做出上文中我谴责过的那些行为,也就是“家长—主人”式的行为。然而我不能接受的是,一个个人,尽管他很优秀,但他的行为可能会毁掉所有其他人的工作成果,包括我的在内。

由于承担自身的责任意味着有时要有做出不利而且痛苦的选择的勇气,因此,在没有其他可行选择的情况下,放弃一个“第一名”的战略技术贡献也不是不可能的。如果相信这支队伍,那么在某些特定的时刻就需要这样做。这不是别的,这既是对其他人的尊重,也是对自己的尊重。除了一个事实以外,让我来重复一下:“第一名”的不连续性能够解决一些比赛的问题,但是走不了太远。因此,简言之,“第一名”要么想办法克制一下自己的怪癖和脾气,在球队里给自己一个融进去的空间,而球队当然也会准备好让他能凸显自己的才能;要么他最好就回家反思一下,要想让自己重新回到赛场,除非之后变得更加成熟,能够接受共生的逻辑,而这个逻辑是他迟早都应该考虑的,不论是在团队里还是在社会中。

我非常清楚,从被召集来的一群人中排斥一个“第一名”,会招致记者们和评论家们地狱一般的批评和论战。你们想想,如果在这种决定之后,事情并没有变得更好,甚至变得更糟糕了,那会怎样?我还是重复一遍,没有必要害怕那些“载重卡车”!如果一个教练在这些事件之后向他所承受的压力和批判屈服,他就会立刻失去至此他在其球员们眼中的可信度。

“怎么会这样呢?”他们会说,“教练做出了决定,然后仅仅是因为蒂奇奥或者卡欧擅自对那个选择提出疑议,他就重新回到了以前的措施?”小伙子们当然有理由这样想。我会给出什么例子呢?如果我连来自外界的批判都不能抵抗,对他们来说我会成为什么榜样?他们还有什么理由相信我?

当然,这并不是说教练的可信度与他的固执坚持是相称的。

教练也会犯错，而且经常犯错。因此，他们也应该准备好接受来自各方面的建设性意见和建议，当然也包括来自媒体的。但是接受一种批评与公开承认自己的错误，跟没有足够的秉性去维护和支持自己的想法之间，还是有着很大的差别，即使这些想法看起来不大众、对球队不利甚或是错误的。

面对媒体我不喜欢沉默不语，尤其是在危机和困难时期，原因正是这样：我喜欢简单直接的对质。我接受他人的意见，而且也随时准备承认自己的错误。但同时，在必要的时候为我的选择陈述理由并且维护它们，既是我的权利也是我的义务。这不仅是给球队树立一个榜样，也是一种理智的诚实。若一个人努力工作、认真奉献并且问心无愧，就应该有勇气维护自己的想法。另外，不要害怕犯错误。活在畏惧里的人走不出多宽的道路。

“第一名”，尤其是从外表看，也能给人一种无畏的感觉，但是通常这只是掩藏他内心深处不确定的自负和傲慢而已。而“冠军”则不会把自尊和责任感与女一号一般空洞的主角感混在一起。在某些情况下，他也会煽动情绪，而那是可以接受的；应该说，那可能会很有用，也许会使周边环境受到一些冲击，但这很难说成是向虚荣心的一种屈服。

当一个人知道他是某个人的参照榜样以后，他会深深地感到一种责任感，并且在行动之前，以这种或者那种方式，再三考虑。正是这种意识让他有维护自己的想法和队伍的力量，因为他知道当他说什么或者做什么的时候，事实上他从来都不是一个人……

# 我们正在踢什么比赛

在机体中，各个构件不是以同样的模式运转，而是每一个都独立于其他部分运转，这些不同构件在机体内部形成一个和谐的整体，每个构件在整体内部都扮演着自己的角色，并体现其重要性。

## 团队，不仅仅是球队

我们可以通过对团队动力其他方面的理解，来加深对“冠军”和“第一名”之间差别的认识。低估这些方面或许是个错误。人们说真正的“冠军”是以人为本的球员，他不仅能够出色地赢得比赛，更是领导者和集大成者。他会在必要的时候鼓舞队伍，会在热情和直觉将要占上风的当口缓和球员的情绪。

他赋予球队灵魂，并能暂时舒缓看台上人群的梦想和情绪。我想说的是，“冠军”有能力使球队人数远远大于实际人数。仿佛场地延展到观众席，甚至超过体育馆的实际范围，一直扩散到整个城市。

我首先以马拉多纳为例，这并不让人意外。显然，除了他的绝世天赋，迭戈的伟大之处在于他能够体现整个城市的精神，而不是仅仅在一间更衣室内成为榜样。我知道我们正在谈论的人是一个特例。但是正如人们所知，这些特例不仅遵守规则，有时甚至帮助人们了解规则——在这种情况下，我指的是团队的规则。马拉多纳作为这些特例的原型，毫无疑问可以被定义为一个充满人格魅力的人。大家都记得，迭戈实际上是一个能够为团队踢球的“冠军”，通过这样的方式，他也激励了整支球队为他而踢球。

我们面对的是每个团队的良性循环中最明显的例子之一，或者是在个人和整体之间的辩证，在这样的辩证中，人们既不打着球队的幌子要求个人牺牲，也不愿意让球队因为个人的自负而残酷地土崩瓦解。

在马拉多纳这个例子中，在部分和整体之间形成了一种相互映衬的类似动力，甚至在一个更高的水准内，也就是在球队和城市之间，也存在这样的动力——这就要感谢那个叫作“冠军”的神奇凝聚力。

在这样的水准上，球队不仅被球迷们看好，它甚至成为一座城市的骄傲。“城市的”球员代表了城市居民的认同感。达成这样的伟业不是一件容易的事情，事实上，在缺少积极和令人欣慰的成绩时，形势更加艰难。更糟糕的情况是，人们很难爱上或者认同一支总是输球的队伍，或者总是让人们期望落空的球队。

但是我坚信，在某种意义上情况是相反的。败者不吸引人，确实如此。但是球迷（或者城市）和球队之间的换位思考反映了一支紧密团结的球队的存在，就像上文所说，正是这种团队可以确保球队表现的一贯性，亦即比赛结果的一贯性。我觉得可以这样说，如果说人们确实热爱常胜的球队，那么同样成立的就是，这些常胜球队通常也能够吸引观众，甚至整个城市。我们这样来结束这个话题：这支球队依靠的是共同的目标和内部团结，也就是依靠一种能够赋予它形式和灵魂的团队精神。团队精神永远不会逃离球队。

通过迭戈·阿曼多·马拉多纳的例子，我可以对自己基于团队概念的“工作哲学”加入一些其他的观点。大家都知道马拉多纳的故事，并熟知他作为球员和作为一个人的伟大之处，但与此同时，他也有一些弱点和内心矛盾之处。我想说的是，马拉多纳不仅在那不勒斯球队内部建立了紧密的联系，也在那不勒斯城市内部构筑了坚实的关系，在困难时期，团队（球队和城市）都毫不犹豫地向他求助。不论是在球场内部还是外部，团队都与他紧密相连。

在这个层面上，“冠军”也从不孤独；在这样的情况下，团队为了“冠军”而战；正是在这样的时期，团队可以更清楚地意识到“冠军”的重要性。“冠军”是一个球队的附加价值，因为他让球队值得拥有那个名字，但是球队让“冠军”表现得与众不同，也让他在最不利的情况下感觉受到保护。每个人在意识到自己所扮演角色的重要性的同时，也会尊重别人的角色。这是一项集体的运动，我确信，它可以显示出一个机体的复杂运转。也就是说，在那个机体中，各个构件不是以同样的模式运转，而是每一个都独立于其他部分运转，这些不同构件在机体内部形成一个和谐的整体，每个构件在整体内部都扮演着自己的角色，并体现其重要性。

当我和几位好友一起参观玛莎拉蒂工厂时，我看到了一支被精确定义的团队和一支底层阶级认可上层阶级权威的团队，在这样的团队里，每个人都能发挥自己的长处，在各司其职中感受到自己的重要性。

工厂和它的各个车间之间没有泰勒式的分割流水线，也不存在相互疏远的氛围。相反，展现在眼前的是一幅各个部门团结协作、相辅相成的画面，工程师、技术人员和工人们都觉得自己是一幅鸿伟画作的创作者：一起生产一辆最棒的、世界驰名的赛车。

在那次参观过程中，跟我讲过话的人无一不表现出在玛莎拉蒂公司工作的自豪感。每个人都觉得自己是凌驾于工厂车间之上的奇迹和神话中不可分割的一部分，也就是主人。对于在任何一个岗位工作的工人，长时间以来他一直都明白，自己的工作目标就是创造奇迹。

在工厂内部，没有人认为自己是一个可以为所欲为的人才（或“第一名”）。甚至，每个部门都依照严格的自动化生产模式与时间，相互配合得如此完美，以至于我仅此一次的参观就“扰乱”了应有的秩序，造成了生产的延迟。

我感到很歉疚。幸好陪我一起过去的三位朋友有意购买玛莎拉蒂汽车，最后他们都折服于摩德纳这些跑车的魅力。大家都表现得兴致勃勃，这样我们才把自己所造成的损失弥补回来。

言归正传，那天我面对的是一个体育范围之外的榜样，它诠释了什么叫团队协作。于我而言，看到大家为了一个共同的计划积极参与并投入热情，我备感欣慰。所有员工的信念都显而易见：他们一起实现着某种伟大的事情。每个人都凭着这样的意识，对各自行使的职责既感到责任重大，又感到十分自豪。那天有许多人跟我聊过天，他们的热情一直感染着我。

当我离开玛莎拉蒂公司时，我自己也为那些汽车感到十分自豪。这种自豪感并不源于因意大利工业所代表的优良品质而产生的某种形式的爱国主义，而是由于看着大家工作并听着他们饱含热情地讲述自己的经历时，我觉得自己也成了他们团队的一部分。我发自内心地为他们喝彩。

在那种情况下，同样的整体和部分之间的互动力、凝聚力和互相合作，能够赋予一个内部团结的团队更加广阔的参与精神，并使其分享共同的价值和理想。正如马拉多纳的那不勒斯队一样。

也许有许多同行和评论家也赞同以上观点，但是他们认为一支球队不可能拥有多于一个“冠军”球员。因此他们认定，至少在这个方面，“冠军”是“孤独的”。换句话说，他们认为一个这样的球员是不能和其他品格过人且技术过硬的球员在同一支队伍里共事的。总之，借用一句俗语来说，就是“一山不容二虎”。我想说，我不仅不认可这种观点，而且可以确定地说，我希望我的球队里拥有更多的“冠军”球员。

最好别搞混。我们所说的不容别人强于自己的想法，只适用于不理解或不接受团队逻辑和优势的利己个人主义。但与此相反，“冠军”并没有成为主角的疯狂欲望。即使在不说话或在球场上协助队友时，甚至当他们不在场上时，他们都一直是团队的领袖。就是这些所谓的不在场真正地产生了影响。

“冠军”不仅引领着团队的逻辑，在某种层面上，通过他本人，还集中体现了球队的整体性。这样说来，很多“冠军”在同一队伍效力就不仅很有可能，还很令人期待。因为他们中每一个人都知道，其他人都是自己的参考，与此同时自己也是别人的参考，他们不像爱慕虚荣的人一样害怕别人成为主角。

如果非常概括地总结出来，我的理念甚至有些自相矛盾，至少表面上看来确实如此。我意识到了这一点。实际上，依我看，“冠军”是球员中那个比别人更知道在尊重团队和团队规则的前提下思考和行动的人。借此可以更好地明白我对教练这个职业的个人见解中关于团队的核心理念。关键人物在球场内外都会通过个人魅力和其比赛作风展现出部分和整体的统一性。

让我们回到那不勒斯队的例子。有必要提到，有多少人真正相信这篇关于不容别人强于自己的想法的论断，相信马拉多纳身边的球员不只是简单地品格崇高且举止谦虚。球场上，他的身边是如奇罗·费拉拉、阿来芒、卡雷卡这样才华横溢的大人物。除此之外，我们也可以想到尤文图斯队的普拉蒂尼或者是AC米兰队的范巴斯滕。那个著名的尤文图斯10号球员[1]与博涅克、卡布里尼、佐夫、保罗·罗西效力于同一支队伍。而那个荷兰佼佼者[2]可以信赖自己出色的队友如古利特、里杰卡尔德、博班和多纳多尼。这三个球员效力的球队都各不相同，而且他们活跃于球场的年代也不一样。但是这三个例子都可以证明以上论断，因为在他们的例子里，我们没有看到“冠军”之间因为不容别人强于自己的想法而产生问题。这些球队知道如何全面贯彻自己的比赛理念，由于效率的连续性，他们能够达成最重要

1 指的是普拉蒂尼，效力于尤文图斯队期间身着10号球衣。

2 指的是范巴斯滕，荷兰球员，曾效力于AC米兰队。

的目标，这样的连续性只有在一支和谐的球队中才能产生。

到此为止，对有关以人为本的球队优势的评论，促使我开始研究那些没有受到应有关注的话题。在某种层面上说，这让我能够为写这本书找到更充分的理由：这本书的意义是致力于思考与技术问题（如队形、阵形、策略、田径训练等）紧密相关的问题，而不仅仅局限于足球本身，因为这样，对足球这个词的解释就会更加全面。

相反，如果你只愿意把团队定义为运行良好的竞技运动的必然结果，就会不可避免地掉入天真的陷阱，而这是任何一个职业教练都应该避免的。我建议那些有这样奇怪想法的人至少去玛莎拉蒂工厂转一圈，之后他们也许就会重新探讨这个话题。在球场上和在公司里一样，单凭技术远远不够。应该给技术赋予灵魂，否则队伍就无法走远。

## 阵形之外的想法

我的论述乍看上去也许有些离题，就像是一个在专心享受假期的教练萌生的天马行空的想法。但是如果我们考虑到，球员首先是作为一个人而存在，甚至很多时候他们正处于由男孩向男人蜕变的过程中，我的论述就会变得相当实际。这段时期发生的身体和心灵的巨大转变对一个个体的成长具有决定性作用；作为一个教练，我必须认真履行自己的义务，不能因为任何理由而忽视有关人性方面的问题，并让自己的工作仅限于对比赛阵形和对个人技能过度完美追求的指导。

我说的并不是过分保护孩子而让他永远不能真正成长的"好好先生"。相反我一直坚信，团队的经验不仅是成功的保证，还是一个无法回避的竞技机会，甚至有时也是发生冲突的机会，无论如何，这都是一个成长的机遇。球场上不仅需要脚法精练的球员，也需要成熟的人。这也是因为，我们应该记住，对手总是不可避免地除了拥有特定的技术，还具有特定的人格，这也是一件不容低估的武器。

说到这里，我想再提一下冯·克劳塞维茨的那本著作，我十分喜欢它。说实话，我只建议你去读那本书的前半部分。如果继续读下去，就会看到第十五节，它的标题富有说服力："在战争中，精神因素是不容忽视的。"

总体上，我相信这句源于普鲁士的话：

> 在战争中，军事行为从来不直接与物质对抗，而会暂时地与使物质活跃的精神力量对抗：区分精神力量是不可能的。本质上的精神因素只能源于对精神层面的解读，每个人在这方面都是不同的；同一个人在不同时刻，精神状况也经常是变化的。
>
> 战争的环境充满了危险，而勇气和自己的精神力量会影响判断和状态，它们就像是帮助头脑感知智慧的放大镜。

伟大的军事家又一次切中要害。这次他在推理的过程中很明确地解释了一个概念，在这里，若将其应用到我的职业领域，我想冒昧简而言之：这些内容是说，一个尚未真正成熟的球员不是一个真正的球员。很显然，成长有很多含义。可普遍意义上的成长仅仅意味着掌握能力和学会一种谋生技能吗？我觉得没有人会这样认为。那为什么说这点对运动很重要呢？

不仅如此。克劳塞维茨作为一个伟大的战略家，对人类精神十分有研究（战略和人类精神总是并驾齐驱的），实际上他还认为，我们虽然凭借如脾气和精神力量这样的精神品质来解决客观存在的困难，但能够精确区分“精神品质”的说法只是错觉。当人们面对困难险阻或比赛竞争而估量自己的极限时，如果可以这样来权衡，会达到很好的效果。比如说，一名登山运动员面对着一座山。在这样的情况下，他不仅需要具备一定登山技能，对悬崖峭壁“宣战”、誓要爬上高峰的精神力量也十分重要。没有登山技能一定不能勇夺高峰，但仅凭技巧也不能取得成功。

伟大的登山家熟知，为了挑战某些高峰，我们需要怎样的人员以及需要多少人员。冯·克劳塞维茨对这一点很清楚：“在战争中，军事行为从来不直接与物质对抗。”我想解释一下，这句话很有道理，即使当对手是石头，或者面对的是高山时。那么当“战争”中狭路相逢的不是无知觉的岩石，而是其他会推理并具有感知力的主体时，情况也就可想而知了。

关于战争的说法，我不想被误解。我不认为竞争是战争，但是除去那些挑起战争的不光彩的、有争议的原因及其带来的不可避免的恐慌，战争一定是竞争。因此，尽管不讨人喜欢，战争最终会不可避免地成为理解行为策略的原型；尤其让我最感兴趣的是，在悲剧性的愤怒场景里，战争会体现环境中人为因素的绝对重要性，在这个环境中必须懂得如何管理大量志在凯旋的人们。

在这个层面上，战略家也一定应该是团队中伟大的心理学家。除了能够揣测对手的心思和决定（在这种情况下，情感和理智也很难区分），他必须也要有能力认知什么是内聚力和信念，并在团队中构建这两者。

总的来说，我们需要“读心术”，但是就像我刚才提到的，这种对内心的观察源于人类精神的原始想法，也就是不存在理智在一边、情感在另一边的说法。实际上，我们依赖“情绪化的理智”和“理智化的情绪”而生存。在我们穿上足球队服和战士盔甲前，这就已经是我们人类的思考习惯。这是我们的局限之处，但这也是我们的资源。我们应该培养资源，而不应该像那些“第一名”一样坐吃山空，只依靠自己的天赋生存。

这样看来，团队除了培养足球运动员，更重要的是为个人提供竞争和培养机会。当人们说运动是一项教育实践时，于我而言，首先应该懂得冯·克劳塞维茨的理念。一位名副其实的教练，就像在冯·克劳塞维茨领域内的将军一样，应该有能力在比赛阵形之外，或者说超越比赛阵形而工作和思考。这不是一个智者的仁慈，除了教他们踢球之外，教练还对自己所带领的孩子们进行思想教育。不，绝对不是！这是一种家长式的姿态，很有可能会变得不仅令人厌烦，而且适得其反。

事实是，当人们可以利用个人本身的资源时，实现目标的几率会变得很大。也就是说，要尊重个人特点，并使他们学会为达到令人振奋的共同目标而努力，而不是压制个人的优点。

可以在这个推理的基础上说，运动可以勉强被称作教育，而在竞技体育层面上，它的教育性更加勉强。也就是说，运动的最终目的并不是教育。但是为了取得胜利，所做的准备工作一定要包括严格的教育过程。

这些观点无疑都是基于团队而展开讨论的。团队的动力源自对球队运动的内涵教育。这样说来，成长也意味着学会取胜。

说到这儿，我觉得支持教练以同样的潜在获胜策略来选择阵形并不草率，他们不仅要适应“团队精神”，还应该通过某种方式让团队精神有迹可寻。我们从字面上可以精确地区分理智和情感，但是在人们的实际生活中，它们互相依存，当阵形和球队互相诠释对方时，它们也以同样的方式达成协调完美的整体。

所有这些既不是偶然发生的，也不是本身就存在的，而是一个长时间努力工作的劳动成果，这项工作以人为本，从不忽略人作为“社会动物”的自然属性。这样的工作是球队真正的财富，因为没有它，谈球队也没有意义。因此，不管付出任何代价，它都应当受到维护。这并不是一个爱自己的问题，而是尊重自己并尊重团队里每一个人的问题。

把“第一名”赶出球队，扮演这种角色一点也不招人喜欢，也不受推崇。但是就像之前提到的，当一位教练这样做时，一定是因为他不能允许任何人损坏球队最珍贵的财富，也不能容忍一个伟大球员的任性和自大。一个“孤独的第一名”什么事情也做不成。如果他不明白这一点，对自己也没有任何好处。

同样，当成为批评、争论和压力的中心时，学会面对和管理它们就很重要，这时我深深感到作为一名教练维护球队的义务，我的工作是与球队共存的。

这样，当我维持自己作为教练的权威和信誉，尤其是在队员眼里的威信时，我会毫不迟疑地坚持自己的决定，这时我对维护自己的形象毫不关心。但是为了避免误会，对那些意识到团队重要性并为之奋斗的球员们，我会反复告诉他们，我会保护大家共同努力的成果。

无论是教练、球员，还是领导，如果没有勇气维护最能保证球队获得从容和成功的因素，那么他的权威和信誉减少也是理所当然的。这就是所说的功亏一篑。失去球队的信任，与其说是体育竞技上的失败，不如说是人性上的失败。因此这种情况

1971年，马尔切洛·里皮代表桑普多利亚队出赛。

里皮在场边为尤文图斯布置战术。在总共八年的时光里，里皮与斑马军团共创了辉煌。

2005年8月30日，意大利国家队在米兰集训备战周末的世界杯欧洲区预选赛。里皮指导训练。

2006年7月4日，世界杯半决赛，意大利2比0淘汰德国杀进决赛。赛后，里皮与皮尔洛、皮耶罗拥抱庆祝。

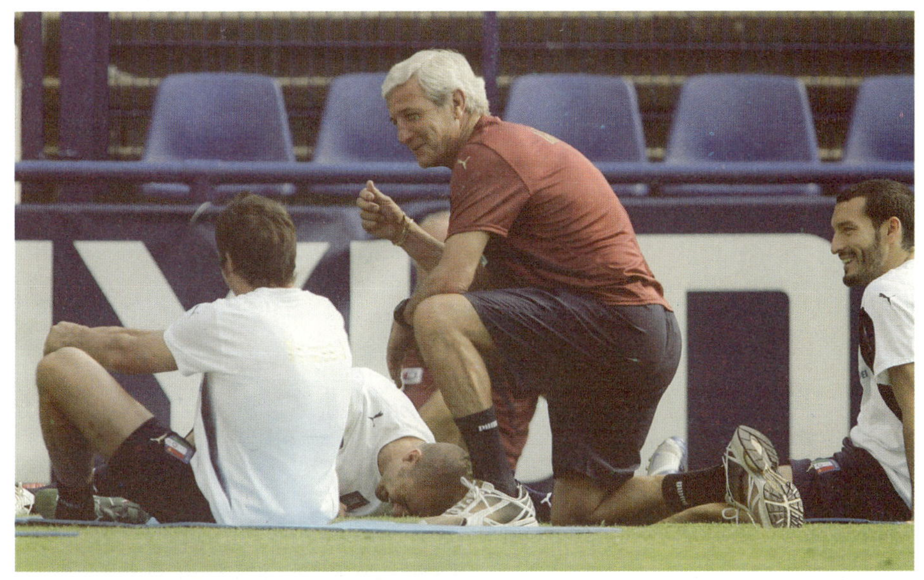

2006 年 7 月 6 日，德国杜伊斯堡。里皮在意大利国家队训练中微笑着向队员们讲解战术安排。

2006 年 7 月 9 日，世界杯决赛，意大利点球 6 比 4 战胜法国夺冠。里皮在加时赛前布置战术。

2006 年 7 月 9 日，德国柏林。意大利队欢庆胜利，里皮点燃了一根雪茄。

2011 年 12 月 5 日，佛罗伦萨，2011 意大利足球名人堂庆典，从左往右：萨基、加利亚尼、科里纳、里皮、巴乔、普拉蒂尼。

里皮指挥广州恒大的比赛。

尤文球迷在中超的看台上打出海报：“感谢您对尤文图斯所做的一切！”

教练在训练中身先士卒，亲自整理器材。

教练组和球员一起为里皮庆祝生日。

热心球迷在机场为教练庆祝生日。

训练场上，里皮教练组气氛热烈。

里皮在训练中讲解。

意方与中方教练组一同关注比赛。

2012年11月18日，广州恒大队主场4比2战胜贵州人和队，以两回合总比分5比3夺取了足协杯冠军。里皮获得最佳教练奖杯。

2013年6月26日，里皮在训练场边。

恒大集团董事长许家印与里皮相拥庆祝胜利。

2013年11月9日，广州恒大首夺亚冠，赛后里皮被兴奋的球员们高高抛起。

2013 年 12 月 11 日，世俱杯赛前的新闻发布会。

2013 年 12 月 17 日，摩洛哥阿加迪尔，2013 年世俱杯半决赛，里皮与拜仁慕尼黑主教练瓜迪奥拉交谈。

2014 年 2 月 17 日，里皮带领恒大新球员亮相。

2014 年 2 月 18 日，里皮在广州恒大花园酒店接受记者专访。

更为糟糕。这意味着在理性之外,还输掉了赌注和球队的参与权。这不仅是一个职业层面的问题,也是一个道德层面的问题。当一个人使出浑身解数想要赢得冠军时,他无法赢得比赛。但是由比赛败北引起的愤怒和苦涩远没有由人性上的失败带来的沮丧程度深,正如大家所说,纯运动事件与人性的失败根本不具有可比性。

当然,不用迟疑我们就知道,这只是一项竞赛。但是当"比这个赛"时,众所周知,人们是以一种严肃的态度去比的。竞赛是一种更深层次的人性经历。在竞赛里,作为真正的人,我们展现出人类具有的优点和缺点。人的个性会在竞赛里体现出来。人们虽无法伪装,但与此同时,人们可以学会了解自己并反省内心。在可能并被允许的范围内,人不应该停止比赛。正是受这样的信念启发,我相信,我的写作经历同样是一场无比严肃的"思维的竞赛",这于我而言,是一个能够培育思维和规则的珍贵机会。

但是也许和看上去的不同,写作永远都不是一场孤独的训练,或是一场与自己的对话。对我而言,与此相反,它是一场"社会的游戏",在这样的游戏中我寻找对照并考验信念的品质,当我需要维护信念时,它们总是浮现眼前。

说到这里,我不愿因此认为竞赛,包括运动,是娱乐的终结者。完全是另一回事！规则的存在和对规则的尊重要求运动员发挥想象力，并激发出创造力。实际上，没有任何自由是缺少约束的。在抽象意义上，自由没有任何意义。规则既会关闭也会打开球员活动的空间。就像一个国家的法律，或者一个团队的基本原则。对能够理解这些概念背后深刻含义的人来说，遵守规则不再是一个负担，如果想要挑战限制，他们会小心不“越位”。

教人踢球于是就意味着教人在规则规定的范围内寻找自由。那些寻找捷径的人也许可以用损人利己的手法暂时找到出路。但是长期来看，就像一个不懂得安于游戏并恣意妄为的“第一名”，他最后会无比孤独，所以也会变得更不自由。

## 比赛的规则和本质

稍作观察就不难发现，规则对于一场比赛的影响不可小觑。当然，很多事情都取决于自由，球员凭借个人特点和相互影响能够脱颖而出，但是无论如何，还是规则定义的合理性引导着事情的运转。在规则之外就没有比赛。

我们还可以将这个概念极端化：在规则之外，比赛的想法也就不复存在。也就是说，一场没有规则的比赛是无法想象的。我说这些，一方面是想再强调一遍限制球员的规则（即约束）和自由之间的矛盾关系：没有规则就不存在自由，没有自由也谈不上规则。由此来看，我们甚至是在以比赛的方式度过人生。最后，解决任何种类的问题难道不都意味着，在所处情况下根据规则思索并行动起来寻找解决方案吗？

从另一个方面来看，思索规则的含义对我判断比赛改变的可能性和需要付出的代价大有帮助。一场比赛的进程由其本身决定，其中会有对规则不可避免的改变。但是改变到什么程度不会被人看作是“变质的”，或者干脆是另一种比赛？实际上，正如之前所说，规则对一场实战比赛定义的影响不可小觑。

让我们暂且放下这个我的专业领域内的抽象问题。我们来观察一下它对足球历史整体发展的影响。足球在演化过程中很显然有很多变化，其中不乏重要的变化。而列表标出这项运动经历过的变化可不是一件容易的事情。

比如说，材料改变了。意识到这一点，就可以观察到它，并为在某些运动中运动员所表现出的改善找到原因。让我们想想1950年代球员的鞋子和今天球员在草皮上穿的鞋子之间存在的差别——撇去个人品位和赞助商合同来看。这之间有着天壤之别。这些区别体现在性能上。我还可以举出其他例子，但是我觉得在材料对足球带来的影响这点上已经说得十分清楚了。

当人们思考运动的变化时，另一个不容忽视的方面是科学，尤其是医药科学。毋庸置疑，医药科学的进步帮助运动员完善了体育训练，甚至通过对体育训练的合理规划校准了运动收益。在这里没有必要把批评的矛头指向那些会改善运动员表现但又会导致机体严重紊乱的药物。这会让我跑题。

为了平息争端，我只想说，滥用具有伤害力的非法药物是违反规则的，因此也不能包括在比赛的范畴内。非法药物的存在并不能抹去科学研究做出的贡献。科研不仅在医药科学领域取得长足发展,还颠覆了体育训练方式。为了得到某些效果,科学研究还对运动员提出我认为限制最小的行为要求,也就是为每个运动员都量身定制了健康的食谱,针对个体身体潜能和其特定身份需求制定出了身体训练方案。所有这些都深刻地改变了比赛。运动员的身体变得更加强壮敏捷,从体格方面来讲,阵形也为适应这样的演变而随之发生了变化。

就个人而言,从小我就一直十分热爱教练这份职业。在我二十五岁效力于桑普多利亚队时,成为“先生”的想法就已经在我内心萌芽。就这样,我参加了一个第三等级教练的培训课程。我当时很好奇。我想学习体育医学的基础知识,我想知道当一个人跳起来的时候身体内部会发生什么变化、如何弥补肌肉疲劳等一系列我感觉可以深刻改善自己在赛场上表现的问题。

在我眼前出现了一个全新的世界,我明白了长大以后真正想做什么。然后我来到科威尔奇亚诺的训练基地,在那儿我意识到这一形象已经发生了巨大的改变:如今,人们对教练职业性的要求在几十年前都是无法想象的。就像我之前说过的,所有这些在赛场上都体现于比赛的持续演变中,在某些情况下也体现在规则的变化上。

然而,为了弄清我在上文中简略提出的那些改变的重要性,就让我们回到那个促使我思考的或多或少有些含蓄的问题。换言之，从什么时候开始，一个不同会变得如此关键，关键到可以颠覆足球这样一种运动的本质，并使其变得与其一直以来的样子完全不同？对于这个问题，我想这样回答："总之，足球还是足球。"我可以这样毫不迟疑并开诚布公地说。

在这样的情况下，我可能会产生犹豫，如果人们开始思考其他的改变时，即使是朝好的方面想，都认为这些改变可能毁坏足球的存在，或者从普遍意义上讲，会毁灭运动。但让我们走一步看一步。

与科学研究保持同步，技术领域也发生了翻天覆地的变化。想要意识到这一点，出去走一圈就知道了，或者观察一下人类不断创造的复杂器械（手机、平板电脑等等）的数量就可见一斑，这些复杂器械就像一整套基础电子设备，如今若失去它们，我们会感到迷失。

再也无法用愚钝的保守主义和落后的态度来否定它们：所有这些工具都通过带来有效的舒适度而完全地改变了我们的生活，也改变了我们的交流方式和与人相处的方式。我的任务不仅是调查最先进技术（不只是与通信有关的技术）越来越普遍的推广，对社会及其内部产生的或好或坏的次要影响，还要研究高科技对个人和对其在时间、空间上生活方式的影响。但是，在研究一些改变对足球世界所造成的影响时,我不能解释和评估科技的应用是怎样在实际上改善或颠覆了我们正在探究的运动,改变的程度也无从考证。

我想象得出,在我提到与足球和科技有关的问题时,大多数读者都会想到由来已久的所谓“慢动作镜头”。对于那些对足球不是很感兴趣的读者,请允许我介绍一下这个有助于人们更好地观察赛事的办法,也就是设置一个长着电子眼的第三裁判(或“第四人”)。它在不确定的情况下,可以解决最富有争议的问题,并避免裁判出错,那些错误一方面会使一场锦标赛朝错误的进程发展,另一方面还会制造出最动听的借口,从而引起无休无止的争战。

人们说在比赛中尊重规则是最基本的要求,不言而喻,在一场比赛中,透明度是直接与对比赛和对其一致性的尊重成正比的。因此,每一次对规则的遵守和对行为及可疑犯规的有效考察都应该受到积极欢迎。

位于场地边缘的“第四人”或者说裁判员也有义务,在有争议的情况下,甚或是无法决裁的情况下协助第一裁判和两个边裁,对“第四人”的设置正是朝这个方向考虑的。

我确信,这两者的目标是相同的,一个是增加一个新的裁判,另一个是用电子设备来提升精确度。也许看上去很奇怪,但是我宁愿选择不如机器那么完美的第四个人类裁判，或者如果以后人们想要再加上一个裁判工具，“第五人”也是好的。

这不是技术工具之间的一个普通差别，也不简单地是科技之间的差别，而是对一个渗透本书的主题的谨慎思索。我不想赘述有关如何避免上述有争议情况的方法。这不是我现在所关心的。我只想解释为什么我认为自己的中心立场是对的。

弗拉基米尔·迪米特里耶维奇是人类纪元出版社的创始人，但在那之前他是一个极有天赋的中场球员，他在 1950 年代从南斯拉夫恶劣的环境中逃到了瑞士。在他那部精妙的作品《生活是一个圆球》（阿德尔菲出版社，2000 年版）中写道：“人们说应该在各处都安装摄像头，在球门的每个立柱后都得有一个监督员。那为什么不让联合国安理会的一群专家和一些纽约律师以及‘国际社会’的坦克来纠正裁判的一个有意或无意的人为错误呢？”

迪米特里耶维奇巧妙的幽默给我留下深刻的印象，除去这点，在我第一次偶然读到他的书时，我当时并不支持人类战胜机器的观点，也不为人为错误辩护，尤其是有意的错误。

总之，与人类站在一边反对机器侵略是普遍的态度，幸亏我也变成了其中一员。这种对错误的辩解从另一方面来说已经不是那么感性了，因为首先它也可以被看作是一种对裁判诚信的理解。但是当迪米特里耶维奇过分维护故意错判的时候，一切都开始变得复杂起来。我们正位于那个破坏规则的边界上，就像之前说过的，这样的违规会威胁到比赛思维的存在。

但如果仔细观察就会发现，在这样的挑衅中隐藏着一种防守策略，这种策略致力于解决对比赛本身而言十分危险的攻击。这让我想到了技术的普及。表面上看起来这是自相矛盾的：比起客观的（电子的）评判，人们宁愿冒险支持错误的（人为的）评判。为了从道德与理性之间尴尬的冲撞里走出来，我们应该仔细想一想错误这个概念。

错误一定是一个限制，在良好信誉的前提下，裁判在错判的特定情况下证明了人类的缺陷和完美。于是保护错误就意味着努力维护那个限制或束缚，因为这使我们有特色，与此同时使我们的日常生活（包括足球）变成一项对解放的实践。错误是一种改善自我的尝试，它的优势在于可以构建自由的空间，使人类意识到自己的弱点并互相帮助，就像在一支优秀队伍里发生的一样。

那么有意的错误呢？在我看来事情开始变得复杂起来。但是，正如衡量着自由的空间有多广一样，继续思考着错误的界限有多宽时，我认为不从原则上去反思故意犯规的可能性本身，而是一味表扬那些尽管可以犯规，但还是坚守底线从而也就不会威胁比赛规则的人，这必然是一种毫无意义、虚伪做作的办法。

“接受人为的错误，坚决抵制机器或者机器人无情的判决！”迪米特里耶维奇的这句话就像在社会领域一样，在足球领域里定义了一个我所期待的永远不会被破坏的规则。否则，更有实力的球员将不复存在。这才是真正的遗憾……

# 问鼎大力神杯

点球包含运气，但决定点球胜负的，从来都不是运气。

## 2006 年的特殊意义

即便现如今我在广州执教，这两年来，也经常会有意大利的朋友来看望我。意大利和中国的足球交流正在升温之中，许多意大利的足球俱乐部、足球经纪人、球探等，都会时不时造访中国。和他们见面交流，总是愉快的事。

交谈当中，常常会有朋友提起意大利国家队、2014 年夏天将要在巴西进行的世界杯。这些话题和我都有些遥远了，不过人们似乎总会记住 2006 年世界杯的辉煌，以及意大利队作为卫冕冠军，2010 年在南非世界杯上的失败。雷纳托 · 博迪，一位知名足球投资人和管理者，最近来广州看我，就直言不讳地说，我在 2006 年夺取世界杯后卸任意大利国家队主教练，在那之后又再度接手意大利国家队，是一个错误的决定。雷纳托曾经是都灵俱乐部的总经理，当时我正在尤文图斯执教，我们是同城对手，却也是相识多年的老朋友。

雷纳托是从我的职业声誉考虑的，他的话没错，可是在意大利国家队处于低潮的时候，需要我出山效力，我责无旁贷，即便到了2010年世界杯前，我已经知道四年前夺冠的那支球队已经结束了成功周期，一切都已经过去了。一支成功球队的周期取决于球员的年龄，我在2006年带领的那支国家队，球员们大多数处在黄金年龄，于是有了职业生涯中的最佳发挥。随着年龄的增加，那一批球员开始走下坡路，这是自然规律。

在我之后，多纳多尼接手意大利国家队，就是一个巨大的挑战。他干得并不差，但是2008年欧洲杯上，意大利点球输给西班牙被淘汰，遭受了不少批评，因为这之前，意大利对西班牙有着巨大的优势。当时可能很多人都没有意识到，在巴塞罗那崛起的同时，一支历史上最强大的西班牙队将出现在我们面前。已经去世的阿拉贡内斯先生，那时候是西班牙国家队的主教练，他的许多足球观念我都非常认同，他对于“冠军”球员的重视、倚之为核心，让西班牙队具备了以往难得的战斗力和韧劲。

2008年欧洲杯失败后，为了2010年世界杯，我被意大利足协邀请，再度带国家队。这样的邀请我很难拒绝，哪怕我们都知道那几年意大利国家队的境况是多么艰难。

那两届世界杯，我带队时做出的一些决定，到现在还会有人提问，尤其是哪些球员当时为什么入选，哪些球员当时为什么会落选等等。提问者当然是想从这些具体个案里，找出我用人的一些考虑和要求。这一类的问题，经常让我感觉啼笑皆非，无法回答。因为这一类问题，实在是老掉牙了，都是些酒吧内闲聊的话题。球迷们关心的，应该不是2010年前我放弃了哪名球员，又信任了哪名球员吧？

至于说现在这支意大利国家队，在征战2014年世界杯时，应该选择谁或者应该放弃谁，我更是无法回答——我不可能代替普兰德利做这样的决定，因为这不是我的工作。

但是意大利足球有着足够强大的文化、足够丰厚的足球底蕴，帮助我们度过难关。1982年世界杯夺冠之后，意大利国家队也进入了一个低谷期，贝阿尔佐特去墨西哥参加1986年世界杯前，就不看好自己球队的前景。在1982年世界杯上名噪一时的最佳射手罗西，到了1986年的墨西哥，上场机会都没有。原因很简单，1982年的冠军球队成员，大多数已经不再处于巅峰状态，1982年的队长门将佐夫，夺取世界杯之后就退役了，他当时已经四十岁了。

世界杯的周期是四年，两代足球运动员之间的周期间隔，或许是四年，或许更短或者更长，很少有一支国家队，能在两届世界杯之间，完美地完成两代队员的交接班，并且依旧保持着最强竞争力。1960年代的巴西队或许能够做到，但是从1958年夺冠到 1970 年第三次夺冠，他们的主力阵容中都有贝利这样串联四届世界杯国家队的球员。到了现在这样的职业足球高度发达时代，做到两届世界杯之间两代球员的成功转换，几乎没有成功的先例。

西班牙队创造了国际足球的历史，2008 年欧洲杯、2010 年世界杯到 2012 年欧洲杯，三项大赛连续夺冠，但这支西班牙队并没有进行两代球员的更新换代，核心球员依旧相同。参加巴西世界杯时，哈维已经三十四岁，普约尔三十六岁，他们能否在巴西有所表现，还是个疑问，年龄越大，伤病越多。西班牙队具备完成两代球员交替的潜质，因为在下一个年龄组别里，法布雷加斯、布斯克茨、大卫·席尔瓦、蒂亚戈、马丁内斯等，都是优秀的人才。只是在一切实现之前，我们都是纸上谈兵。十年前的法国队，也具备更新换代的人才储备，但实际上并没有完成。

意大利国家队经历过的，只是难以避免的挫折，却不是不可承受的打击。这样的艰难时段，总需要有人承担挑战和压力，承担暂时失败的结果。但是我相信意大利足球的基础。

从球员的生理周期来看，2010 年世界杯是一支伟大球队的运动巅峰周期的结束。在南非，无论结果更好还是如现实中那样糟糕，我都知道国家队更新换代就在眼前。无论如何，我和这些球员结束了一个美丽的循环。

那是一批伟大的球员，有和我合作多年的皮耶罗，一个不需要过多鼓励的球员。他很优秀，每场比赛都会尽最大努力表现自己的能力。有伟大的队长卡纳瓦罗，有不可思议的中场天才皮尔洛，有世界上最好的门将布冯，有才华横溢的托蒂，有给我们带来幸运进球的格罗索……这支球队技术和心理都相当成熟，大量的“冠军”球员成为了球队的脊梁。球队当中，各种性格类型的人都有，有安静沉稳的，也有脾气很大的，例如德罗西和加图索。他俩的性格，和他们场上的表现一样，充满着侵略性。这样的球员，任何团队都需要，不过这种球员需要教练密切关注，做到控制好他们的情绪，将他们的侵略性引导向对球队有利的方向。

2006 年世界杯的荣耀，到底对意大利足球有多么重要，经过这些年的沉淀和反思，我们感觉得更加明晰了。夺冠的时候，激动和兴奋压制住了其他情绪和思维，反倒是冷静过一段时间后，才能体会得更加清楚，这种感觉，如饮醇酒。

2006 年的夏天，正是意大利足球灾难时期的开始，从尤文图斯开始的“电话门”事件，将整个意大利职业足坛席卷其间，那样的世界性关注，不是意大利足球所需要的。但是那样艰险的环境，恰恰也让那支国家队内部更加团结，夺取世界杯不仅是我们自我证明的方式，更是对意大利足球整体形象的守护捍卫。

世界杯夺冠之后，意大利足球似乎依旧在停滞中缺乏明显进步，但这主要是集中在意甲联赛层面上，几个豪门俱乐部在欧洲赛场上的竞争力下降，意甲俱乐部平均的购买力下降。然而2006年的世界杯，让意大利人再次意识到了足球对于这个国家和民族是多么的重要。2006年的夺冠，为足球在意大利又打开了很多扇门。根据一些专业调查显示，2006年之后，足球青训在意大利的普及程度又上升到了一个更高层级，足球在意大利的受欢迎程度不降反升——我们以国家队的世界杯表现，不仅捍卫了意大利足球的形象，同时还捍卫了足球这项美丽运动的形象。因为2006年的世界杯冠军，足球在意大利聚集起了更广泛的人心。商业层面上，意甲早已不再领先，可是意大利足球仍然站立在世界前列。

## 点球，点球

一场足球比赛，如果要通过点球决战来分出胜负的话，会是最为残酷的方式。

残酷却又公平，因为这是足球运动的规则。很多人在观察和探讨足球竞技规则的时候，总认为点球决胜，是不够完美的解决方案。有一些国家和地区的杯赛，甚至会放弃点球决胜的方式，像世界上最古老的足球赛事，英格兰的足总杯，有百余年的历史，都是九十分钟打平，就选择重赛。重赛应该是一个更符合足球运动规律的选择，只是随着职业足球的不断发展，每个赛季的比赛强度在不断增加，场次可能不一定会增多，但球员的损耗会因为越来越强烈的对抗而加大。倘若平局就重赛，在时间和精力等各方面都会加大球员以及球队的负荷。很大程度上，我觉得对球迷的压力也在增大。

而且现代职业足球的兴盛，和媒体变革过程中的推波助澜直接相关。没有媒体版权,特别是其中电视转播收入的飞快增长,职业足球得不到现在这么高的市场收入,由此电视在职业足球赛事规则中的话语权也日益增加。三十年前,我刚开始当教练的时候,不论意大利、英格兰还是德国,一个职业俱乐部最主要的经营收入,都来自主场门票的销售,现在完全不同了,电视是职业足球最大的金主。

于是平局就重赛,双方俱乐部同意,球迷可能也不反对,可这对电视来说是件很头疼的事。电视节目的编排和制定要提前很长时间,因为电视机构购买职业足球赛事版权,他们的收入要从广告市场或者以直接向用户收费的方式完成。重赛不仅拖延了一项赛事按照原来设定规律的正常进展,还会打乱电视机构的播出时间表。所以电视机构不喜欢重赛。而点球决胜却是电视机构传播时特别喜欢的一种足球内容:点球画面相对简单,对罚点球的个体有点像电影特写画面那样聚焦的意思,点球对决的过程又往往会充满着戏剧性,这样的过程和电视节目中最流行的真人秀十分相似,但这是真实的赛事,所以要比真人秀更加刺激。

对我自己来说,点球决胜的方式,说不上好与坏。既然是足球比赛的规则,那么我们就有必要充分掌握点球决战的技能,即便遇上点球,也能充分应对。

有很多强大的球队,九十分钟甚至一百二十分钟,都是难以被击倒的,但是站在点球前,这些坚强的战士往往会双腿打晃,最终自己失误。为什么在场上奔跑能做到坚不可摧,却折倒在点球前?我觉得心理上的消极暗示,比他们技艺是否达标,要影响更大。我们不可能找到一个比巴雷西更具备智慧、抗争精神和防守技艺的中卫,而在1994年的世界杯决赛点球大战中,巴雷西也没法控制好他的点球。

意大利队不能罚点球,西班牙队更不能罚点球……英格兰队罚点球就输,法国队也不是点球高手,荷兰队同样害怕点球……说来数去,只有德国队和巴西队,是在点球对抗中胜算最高的国家队。所以大家将德国队的点球实力,归功于"德国人坚强的精神意志",将巴西队的归功于"巴西足球最杰出的个人技术"。

这种归纳当中,包含了对于点球成功的两点原则分析:杰出的个人技术和坚强的精神意志。

这种归纳有些过于简单,并且不是向来准确。联邦德国队也会在1976年的欧洲杯点球决战里,被捷克斯洛伐克队的"勺子点球"击垮。至今仍被认为世界杯历史上技术含量最高的一场经典比赛,1986年世界杯四分之一决赛法国对巴西,巴西就在点球里输给了点球并不太好的法国。那一场比赛,济科、苏格拉底和普拉蒂尼都罚不进点球，济科还罚丢了两个点球，普拉蒂尼当时是世界上最好的任意球专家，从那场比赛开始，就有了“球星不能罚点球”的传说……

谁都能罚好点球，我一直不相信各种迷信和传说，那更应该是流传于酒吧里的谈资和笑料。点球也是足球技艺的一种，通过长期训练、不断重复，就像高尔夫挥杆那样，直到你具备了强大的“肌肉记忆力”，站在点球前，凭借长期训练磨砺而成的点球本能，可以让你的点球成功率大幅上升。这才是科学对待点球的办法。

技艺只是一方面，心理上同样要保持平静和自信，才能帮助操作点球时动作的放松与有效。同样，心理上的准备，也需要通过长期、重复式的训练来加强。世界大赛上，有过认为点球无法练习的先例，例如 1998 年法国世界杯上，英格兰代表队的主教练霍德尔。霍德尔当时是一位非常年轻的优秀教练，在英格兰他领先于那个时代，他给英格兰队带去了很多新的训练手段，可是在点球上，霍德尔过于被动消极，夸大了运气的成分，忽略了足球作为团队运动，是可以通过科学训练提高各方面战斗力的。最后他的英格兰队就是点球中输给了阿根廷而被淘汰。

在我的教练生涯中，重大赛事上已经历过三次点球大战，每次都可以用刻骨铭心来形容。第一次是 1996 年在罗马举行的欧冠决赛，我的尤文图斯对阵阿贾克斯。那次点球决战，尤文图斯的队员们比阿贾克斯平均年龄更大，心理承受能力更强，所以我们最终战胜了范德萨这样伟大的门将。

第二次的点球大战，我们运气就没有那么好了。那是2003年的欧冠决赛，在曼联的主场老特拉福德，对上安切洛蒂的AC米兰。我们在意甲联赛里保持着强势，AC米兰则需要通过欧冠的成功，来证明他们还具备足够的竞争力。那是一场有些压抑的比赛，我们在比赛中的表现很不好，运气也不在我们这边，当时状态最好的中场核心内德维德，因为停赛不能参加决赛，是尤文图斯阵容上最大的损失。下半场开始不久，孔蒂的一个头球打在横梁上，让我们都有些气馁，后来的比赛，包括加时阶段，双方在场上都因为心理压力过大，而没有放手进攻，整场比赛几乎就是向着点球决战发展而去。

一百二十分钟比赛结束，裁判鸣哨，我走上球场，要来排列罚点球的球员以及顺序，这时候尤文图斯队的队员几乎没有人敢抬眼看我……我当时心里就有些发凉，我不责怪这些队员们，为了欧冠奖杯，他们已经拼尽了全力，到这个节骨眼上，他们都疲惫到了极限……这一次点球决战，还没开始，我就有了不好的感觉。后来大家记住的，是舍甫琴科最后点球的成功，尤其是他罚点球前紧张到有些神经质的眼神，以及他在点球成功后，将胜利献给去世的洛巴洛夫斯基。而尤文图斯队和我，剩下的只有无尽的失落和空荡。我们倒在了最残酷的点球决战上。

再过三年，我们又站上了点球点，这次不是尤文图斯，而是意大利国家队，比赛更是无比重要的世界杯决赛。在那次和法国队点球决战之前，加时阶段已经发生了齐达内头槌马特拉齐的事件，大势和心理上，都对我们意大利队有利。更重要的是，那届巨大压力下的世界杯，意大利队在各种技术环节和心理应对上，准备得无比丰富。一百二十分钟的比赛，意大利队的表现无可挑剔，情境就像十年前我带领尤文图斯参加的那场欧冠。

我坚信点球决战的结果往往是公平的——你的球队在这之前一百二十分钟的表现，直接影响到你在点球决战当中的表现。如果此前一百二十分钟发挥糟糕，仅仅是凭借运气而熬到了点球决战，看似胜利机率恢复到了50%的均势，实际在球场上，你站在对手面前，不可能昂首挺胸、理直气壮。足球比赛是连续的、线性发展的，点球不可能被割裂成一个独立组成单元。不排除有一百二十分钟局面落后，最终靠点球胜出者，但更大程度上，你的球队在此前九十分钟、一百二十分钟的表现，会极大地影响着你们在最后点球决战中的表现。这是我的观察，也是我的亲身体验结果。不身处那种极致的大赛场景里，你很难感受到这样的特殊。

在柏林，我走向场地中央，我们多年的准备，就是为了这样一个决胜时刻。我观察着每一个有资格罚点球球员的眼睛，以最快的方式了解他们的心理状态，我发现每一个人都用自信的眼神看着我。这让我随后的工作非常轻松，我流畅地选择了罚点球的球员，以及先后上场的顺序，然后将比赛交给他们，将我们对胜利追逐的最后一步工作交给他们。我对他们无比信任。

点球包含运气，但决定点球胜负的，从来都不是运气。

## 群雄逐鹿巴西

意大利国家队需要更新换代，在 2010 年世界杯之后，这种痛苦却又必须面对的局面，正在完成之中。普兰德利接任意大利国家队，他干得很出色，没过多久，意大利国家队的成绩恢复到了应有的水准。2012 年的欧洲杯，意大利队夺取了亚军，小组赛第一场打败西班牙队，令人耳目一新，虽然后来在决赛中，西班牙队还是证明了他们无与伦比的实力和经验。

在 2013 年的联合会杯，普兰德利的意大利队未必具备了最强阵容，不过第三名的成绩并不让人失望。能够提前一年去到巴西，在接近世界杯实战环境下打这样一届高水平比赛，对意大利队备战 2014 世界杯是特别好的一种准备。

这时的西班牙队较 2008 年时又有了一些变化，这些变化其实在 2010 年世界杯上就有所体现。阿拉贡内斯先生在 2008 年欧洲杯夺冠之后急流勇退，德尔 · 博斯克接过了西班牙国家队主教练的教职。足球哲学方面，他和阿拉贡内斯相似，西班牙足协的选择保证了国家队建设的顺利延续。组队原则上，博斯克让巴塞罗那和皇家马德里两大豪门的西班牙国脚更加融洽团结——过去几十年的西班牙足坛，由于这两大豪门在国内联赛以及欧洲赛场上竞争过于激烈，激烈到影响西班牙国家队战斗力的程度，而阿拉贡内斯和博斯克的指挥哲学，保证了西班牙国家队团队实力的持续。这就是一种足球文化延续的体现，很大程度上，我觉得在这两位优秀教练的执教期间，西班牙足球文化得到了提升。他们的成绩当然也出现了相辅相成的进步。

西班牙队仍然是首屈一指的世界劲旅，仍然会是世界杯夺冠的超级热门，哪怕在 2013 年联合会杯决赛上他们被东道主巴西队击败。从 2008 年欧洲杯至今，西班牙国家队，尤其是队中一些核心球员，比赛的密度和强度，是许多职业球员难以相比的，所以在联合会杯上，我觉得打到最后，西班牙队有些精疲力竭的体能欠缺。那场和巴西队的决赛，在精力和求胜欲望上，西班牙队都落在下风。然而当世界杯真正来临时，西班牙队是否还会这么疲惫？我认为博斯克会提前做好准备。永远不要低估一个如此伟大的冠军。

巴西世界杯，西班牙是热门，本土作战的巴西当然是热门，同样来自南美洲的阿根廷也是热门。巴西和阿根廷得尽地利，还有人和。此外意大利，和欧洲的德国、荷兰、法国一样，只要参加世界杯，就有夺冠的可能性。

巴西是公认的足球王国，五夺世界杯，意大利是四次夺取世界杯。不过意大利和巴西的区别，只在一个点球上——假设1994年的美国世界杯，那次决赛点球大战结果逆转，意大利就会力压五星巴西，成为夺取世界杯次数最多的国家。我想说的是，之前提的那些热门球队，不管他们在预选赛中表现怎么样，只要正赛期间球员们状态好，就有夺冠的实力。这是足球传承的文化底蕴体现。或许很多球迷，都希望在世界大赛上出现“黑马”，出现一两支我们不熟悉的球队，能够有杰出表现。这样的想法可以理解，因为偶然性和戏剧性是我们热爱足球运动的原因之一。但是真正在世界杯这样的顶级赛事中，偶然的可能性会被降到很低。要想在一个月之内，在七场比赛中都保持很高的水准和竞争力，绝不是突然出现良好竞技状态就能达成的。竞技状态和实力总会不离不弃，没有充实的积累和实力基础，不会有凭空而出的优良状态。

这一届世界杯和以往一样，仍然会是群雄逐鹿，并没有一支明显突出的绝对热门。世界杯历史上有过夺冠纪录的八个足球传统强国，至少有六个会在巴西具备竞争力，也就是我前面说到过的西班牙、巴西、意大利、德国、阿根廷和法国。分组抽签的形势也很有趣:意大利分在一个很强的小组中,英格兰和乌拉圭都是夺过世界杯的球队,乌拉圭相当于是本土作战,上届世界杯表现也很出色,苏亚雷斯和卡瓦尼都是目前顶尖的射手。英格兰在2012年欧洲杯上就和意大利交过手,最终意大利也只能点球打败英格兰。

在巴西世界杯抽签结果出来之后,有媒体评论说,在巴西竞技,赛程和赛地的安排,可能会比对手强弱更加重要。这种观点有一定道理,因为巴西确实太大,在巴西全境比赛,和在中国打中超的旅行跨度差不多,但是世界杯赛程太密集。而且巴西各地的气候区别非常大,亚马孙河流域的热带气候,以及巴西南部的相对低温,给所有球队都会增加很多挑战。相比较而言,南美的球队在适应当地气候和旅行方式上,会比欧洲球队强出很多。

# 新的征程开始了

教练必须将求胜的饥饿感，传递给整支球队，传递给所有喜爱和支持广州恒大的球迷，传递给这个社会。

# 广州，广州

2014年的春天，我又回到了广州。这是一段新的开始，我要面对的不仅是一个新赛季，更是一个新的而且更高的起点。真想象不到，我的职业生涯后半段，会有在中国和广州的特殊经历，而且在离开意大利国家队教职，休整了一段时间后，在外界媒体的猜测中，我竟然和中国国家队主教练的位置“无限接近”。这一切的美妙和奇特，是我在桑普多利亚当教练那时难以设计、难以想象的。

生活就是这样充满着神奇的变化。

在刚刚成为足球教练的那个时代，我想我对于这个世界的了解非常有限。20世纪70，80年代，中国在绝大多数欧洲人眼里、耳中，都是一个充满着疑问号的地方，其实直到现在，都可能还有很多人会因为无知而对中国充满疑问。

但是中国和欧洲越来越近。20世纪70，80年代，从意大利向东去，哪怕目的地是香港和新加坡，好像也没有直接的航线，多半要转机。飞行一次，需要近二十个小时。这样的旅行，更加上目的地在语言、文化、生活习俗上，和我们所熟悉的环境如此不同，确实是去到另一个世界里。

这二三十年的变化何其之大。今天的欧洲，几乎每个城市里都能见到来自中国的游客、学生或者商人。在今天的广州，也有很多来自异国他乡的定居者。珠江新城这样的地方，会有很多欧洲人和美国人、拉丁人聚集的餐厅、酒吧，大家乐于在此生活。世界在变小。

几乎所有采访我的人都会问我，在文化体验上、生活上，中国和意大利有什么相同和不同。文化上，意大利和中国有着天生的亲近感。在欧洲和亚洲，我们都是历史传承最悠久的民族，都有着极其辉煌的文化，至今仍然光耀着这个世界。所以意大利人和中国人之间的沟通，是很容易顺畅的。

在一些生活方式和性格上，我觉得中国人跟那不勒斯人的思维方式很像，都是独一无二的……具体的比较，我相信大家从旅行、从一些文化学者的分析中，能找到更多有趣的范例。意大利人和中国人，都是天性热情的民族，善良好客，只是在具体表达上，意大利人更加直白，中国人更加含蓄委婉。这可能就是西方和东方的文化差异之一。

这个春天的广州，和过去一样潮湿温润。以往广州对我来说，只是一个遥不可及的地理概念，没想到今天居然变成了我的一个家。每次回到广州，都会有人好心地问我是否适应这里的气候、饮食以及其他。我知道北京的雾霾和污染有多么严重，但是在广州这样的状况要好很多。雾霾的原因是什么，还没有看到明确的解释。一个在以最快速度发展的社会，出现一些不可知的现象，奇怪却也不奇怪。在欧洲的高速发展过程中，这样的现象从不罕见，关键是当问题出现后，我们是否依旧保持着对每一个人的足够尊重。社会的进步，就在于越来越尊重每一个人。

我喜欢这个城市，比意大利很多地方潮湿，但这不会对我形成困扰。饮食方面，广州可能是中国最有名的饮食之都。至于语言……嗯，广州话我肯定没法学会，普通话，目前进展看来也比较慢，不过这些都不是问题。

最让我喜欢的，是广州有着中国最好的球迷。他们对球队的热情一如既往，这让我感觉非常好。我知道，广州和广东有着中国最好的足球基础，经济上也相当发达。广州有着其他地方没有的足球文化，这里的球迷可能不会像其他地区的球迷那样激动到疯狂的程度，更加文雅，但广州球迷的一些习惯让我非常敬佩。像他们在球场里经常欢唱的一些歌曲，内容细节我虽然不明白，可曲调我能分辨清晰。那种忠诚和热情，伴随着我们的每一场比赛。尤其在客场比赛的时候，广州球迷的歌声和呐喊声，就是足球文化的体现。我们如果能够长久扎根于此，让足球文化在这里得到积淀和发展，未来就是值得期待的。

每天坐车要去的广州恒大的训练基地，实际上属于远离广州市区的郊区。每次进入到基地时，我总能看到不少球迷在车道、在大门前等候我以及我的同事和队员们。他们从广州市区来到这里，自己开车的话，往往需要一个多小时，如果使用其他交通工具，时间肯定会更长，但这一双双期待的眼睛，传递出来的渴望和乐观，让我每天都充满着活力。这就是足球的希望。

训练基地规模还不够大，设施仍然需要通过未来多次建设来完善，但这里就是恒大足球梦想起源的地方，也是我过去近两年时间工作的地方。我最喜欢闻到的，就是训练场青草水滴混合在一起的那种气味，那是足球的味道，生机勃勃。这样的气味让我欲罢不能，生活中不可或缺。我们从事的是一种非常特殊的压力巨大的工作，这个基地和广州天河主场是我们的家，可我们很难在这个家里平静有规律地长期生活，我们的生活节奏总是在无规律的规律中不断被打乱，然后又去重新建立。一个赛季的中超联赛有三十场比赛，十五场是客场，然后还有亚冠联赛，还有足协杯比赛，还可能有其他一些比赛。我们的生活，永远是在主场、客场，客场、主场这样的无规律循环中进行的。中国的领土面积和欧洲相同，但是气候特征要比欧洲更加复杂，不同的旅行确实能让我们增长见识，却也会因为总是不同变换的交通、旅行、饮食起居、比赛训练等环境条件，而让我们身体和心理上倍感疲劳。

1980年代最伟大的意大利教练恩佐·贝阿尔佐特先生总结过职业足球人的生活："那就是永远在路上……你的家更是一种心灵上的感觉，你的枕头，永远都在不同的地方。"贝阿尔佐特带领意大利队夺取了1982年的世界杯，那也是意大利足球走向最近一次兴盛的起点，那一次在西班牙夺取的世界杯，较上一次意大利夺取的世界杯，时间足足有四十四年，中间横隔了第二次世界大战，由此可见其重要意义。贝阿尔佐特长期受睡眠质量不佳困扰，所以他有一个特殊习惯，就是旅行的时候，必须要携带自己的枕头，这样入睡的难度才能降低一点。

我比贝阿尔佐特幸运，至少在睡眠质量这方面，旅行时不用带着枕头满世界走。但旅行带来的疲倦，和高度兴奋高度紧张的比赛结束后那种乏力，也是我从事这个行业不能回避的挑战。每隔一段时间，我们都需要一定的假期，彻底放松，让生活取得一定的平衡。

但对我来说，在家里待上一个月时间，我就会焦躁不安，严重一点的时候，甚至会神不守舍，这种情况，不知道是否和贝阿尔佐特先生烦恼的失眠相似，我和我的家人都知道这种状况出现的原因，就因为我依旧迷恋那股球场的气味。我根本无法远离赛场。

所以我非常理解亚历克斯·弗格森爵士在2002年的决定。那一个赛季开始前，他告诉所有人，他会在赛季结束后退休，这个消息传出来时，我根本不相信，还和同事打过一个赌。那一年弗格森还不到六十岁，他对足球的痴迷，从他的眼神里就能看得出来。而且他没有半点老态，他在场边指挥的嗓门，你可以在老特拉福德任何一个角落听到。六十岁之前就退休？就因为他终于战胜了里皮率领的尤文图斯，然后在欧冠联赛夺冠了？欧冠肯定是弗格森爵士的梦想，那是每一个足球教练的梦想，但胜利和荣耀并不是我们从事这项运动的初衷，正如同那些漫长疲乏的旅行也不能成为我们继续足球事业的阻挠——胜利是额外的褒奖，而对这项运动的爱，毕生的迷恋，是我们以足球为生的唯一原因。

弗格森果然在那个赛季还没有结束时就后悔了，我早有预料。他后悔，然后很男人地承认自己后悔，并且承认那个退休的决定是错误的。然后他回来，再干了十一年，再拿下了一个欧冠奖杯——在没有遇到我的情况下。此外这十一年中，他还重新组建了一支曼联，并且还两次进入过欧冠决赛——在没有遇到我的情况下，最终不走运地都碰上了巴塞罗那。2013年，这个仍然不老的苏格兰人正式宣布退休，我直到现在仍然怀疑他这次退休是否真的就全退了。他肯定还在留恋着那股球场的气味。

因为弗格森的退而不休，我曾经赢取了同事必须送给我的一盒美妙雪茄。或许还能有一盒。

所以我肯定会回来，甚至会在我假期结束前就回来。我只需要短暂的调整，就能精神百倍地继续我热爱的事业。那种球场的气味，我永远都闻不够。

未来三年，这里还会是我和我的同事、队员们工作的地方，一个稳定成熟的团队继续向上的地方。这次回到广州，我们既要面对新赛季，又要完成和恒大的续约。我们是以“中国速度”完成这一切的。这或许是只有广州才能实现的速度，一个能诞生奇迹的城市。

我同时祝愿阿兰·佩兰能在中国国家队的主教练位置上取得成功。我们都从欧洲来，都为了帮助中国足球取得突破。我们都会有好运气。

## 我为什么要来中国?

我为什么要来中国？这应该是所有人都要问我的问题，我遇到过无数次这样的提问，不论在中国还是意大利，未来恐怕还会遇到。因为足球，我来到了中国；因为新的挑战和新的文化，我来到中国。过去两年，我实现了来中国之前的心愿，而未来三年，我们还有更多的事情要做。

我和我团队里的每个人，在这里都有美好的经历，我们在所有方面取得了很好的成绩。执教方面，我们在过去的一年里获得了重要荣誉，在比赛中，你能感觉到也能看到对手对我们的重视。我可以肯定，选择来中国是对的。

这一切的开始，必须感谢许家印先生。从第一次见面，我就能感受到他对体育的热情，这种热情不仅仅集中在足球上，还可以从恒大女排队中看到，他尽自己所能让球迷们满意。

他热爱体育，所以他能打造出中国最成功的体育俱乐部，他自己也成为政府评选的“中国百大人物”。每次我们面对面交流或者他给球队讲话时,我都能感觉到他是个杰出的人。他的热情和视野,让他与众不同。

如果你最近看过亚历克斯·弗格森爵士退休后出版的新自传,其中有一条关于足球教练成功的定律我非常认同,那就是:“选择球队的时候,你和老板的契合度,会比这个俱乐部的名字以及当前实力,更加重要。”选择球队,也意味着作为一名职业教练,和你未来的雇主、你的老板之间的一次双向选择。对于每个职业足球教练来说,职业选择的机会并不多,失败的风险却无穷大,有人说过:“每个足球教练的职业经历里,都会有被解雇的例子。”职业足球的投资人——老板们,彼此之间也有着巨大的差异。在意大利如此,在英国、德国、法国如此,在中国我看也是一样。选择对了一个合适的老板,在事业构想、性格匹配、组织沟通能力等各方面,我觉得这对一名职业教练来说,都是事半功倍的决定。

很大程度上,许家印先生这样的人,能增强我对恒大、对中国足球的信心。然而像许家印先生这样的人才,可能中国足球领域内还不够多。他能从自己成功的商业经营和管理中,给足球俱乐部的发展带来很多额外的营养,这些营养,从我自身经历来看,是中国足球所必需的。

这次回到广州之前，一件奇怪的事情发生在我身上：中超2014赛季开始前的超级杯，由中超联赛冠军对足协杯冠军，因为我没有到现场指挥，最终中国足协对我进行了处罚。

这真是一次莫名其妙的惩罚。

这并不是我对中国足协的攻击。意大利足协未必就会高明多少，但在意大利，这种事不可能发生。超级杯我为什么没有到现场指挥？因为从2013年1月到12月，我们整整工作了一年。我们拿下了中超联赛冠军和亚冠联赛冠军，我们打进了足协杯决赛。我还记得恒大战胜日本(柏太阳神)和韩国(首尔FC)后，全中国球迷们的激动，那是因为我们创造的是历史。

在那之后我们还去摩洛哥踢了世俱杯，很长一段时间内，全中国甚至全世界都在谈论广州，中国足球吸引了全世界的目光。十二个月连轴转后，我们所有人必须保证一个月假期，因为大家需要足够的休息。职业足球的艰苦，对所有参与者的生理和心理来说都是巨大的消耗。

普通人往往会为职业球员的收入和名气所吸引，但是在这样的收入和名气之下，职业球员所具备的特殊技能，以及需要付出的代价和承受的牺牲，却是普通人难以知晓的。在尤文图斯的时候，遇上周中欧冠联赛、周末意甲联赛，对于很多年龄偏大的运动员来说，都是痛苦的挑战。像维亚利，我见过的身体素质最好、训练态度也最好的球员之一，他在尤文图斯的时候，比赛之后恢复得比较慢。像周二或者周三晚上打完欧冠比赛，结束的时间往往会是晚上十点多，再去吃点东西补充能量，然后一直还有各种媒体工作的纷扰，能够回家或者回到酒店自己的房间里，通常都是子夜时分了。

如果周末比赛安排得比较紧，可能打完客场比赛，直接就要夜航回都灵，那么回到家里能够休息的时间会更晚。而当你理论上能休息的时候，你往往是不能立即入睡的——一场高强度的职业比赛过程中，每个参与者消耗的体能、精力，根本不是数量化的热量能够计算的。夜深人静，可是职业球员这个时候往往大脑仍然无比活跃，根本不可能马上睡觉休息，进入到一个生理心理恢复的过程当中。

维亚利那时候说，每个欧冠周中比赛打完，他基本上要到第二天凌晨五六点才能睡着，醒来之后，甚至就是睡眠当中，身体承受的各种冲击乃至伤病，会在你生理和心理的低潮期开始袭击你。因此第二天的痛苦，和头一天的兴奋、激动和荣耀，会形成地狱和天堂的差别。

如果前一天球队不能取胜，甚至输掉了，那么接下来的时间会更加难熬。

这还只是职业足球的一个片段，但是对顶级职业球员来说，都是他们必须克服的挑战，是他们每周生活的自然流程。这样的流程，在欧洲如此，在亚洲、在广州恒大也是如此。

2013 赛季，在广州恒大，球员的消耗和付出，我觉得也是中国足球的一个纪录。除了俱乐部的所有比赛之外，有十到十一名球员还要参加中国国家队全年的比赛，在国家队，很多恒大球员都是主力。这意味着大半支中国国家队的责任，都压在这些恒大球员身上。

对于国家队的任务，无论是和这些球员交流，还是和中国足协交流，我从来都无条件支持。但是中国足协不能不对广州恒大的具体情况，从足球专业角度有所考虑——我们过去这一个赛季干的事情，可能比任何一个中国足球俱乐部在以往多个赛季里都要更多。特别因为世俱杯的比赛任务，我们的新赛季集训必然要开始得比其他俱乐部更晚。

出于这样的特殊情况，我曾经向中国足协提出过请求，希望能将超级杯时间延迟三四天，这是我第一次向中国足协提出申请。

即便是准备新赛季，广州恒大也是对自己有特殊要求的。我们为了准备这个新赛季，特别安排了去西班牙拉练，目的是要找几个高水平的热身对手，因为在中国没有这种机会，在整个亚洲地区也不可能做到。所以我向中国足协提出申请，希望他们能将超极杯延迟到 2 月 18 日或 19 日，多少给我们留出一点点缓冲时间，算是对我们上赛季辛劳的一种考虑。但是中国足协拒绝了。

我不知道拒绝的原因是什么，但我对这个决定很失望。因为广州恒大俱乐部在这之前从来没向中国足协提过要求。这个要求，从我和广州恒大俱乐部的角度看，是合情合理的，因为过去一年我们的努力、辛劳和成就，大家有目共睹。理性一点考虑，这样的要求并不过分。

我不会因此而改变我来中国的初衷，我会继续尽我最大的努力，来帮助提升中国足球，就像过去这两年一样，但这件事让我十分遗憾。

## 亚洲的冠军！

在广州天河体育场捧起亚冠奖杯，是我职业生涯中无比激动的时刻。夺冠之后，队员们将我抛向天空，这样的时刻，总会让我感觉自己非常年轻，根本感觉不到疲劳。这样的感觉无比美妙，哪怕很短暂。

之所以说这样的感觉短暂，在于我会很快平静下来，很快从夺冠的兴奋中回复到正常的工作状态。夺取冠军，只是走到了一个新的起点，而绝不意味着结束。

说来也奇怪，在我的职业生涯中，有三次重要的夺冠，不是通过点球决胜完成，就是两回合自然获胜。在尤文图斯夺取欧冠，决赛的过程非常艰苦。面对那支非常年轻，但是才华横溢，又是欧冠卫冕冠军的阿贾克斯，我们在比赛九十分钟的正常时间里有着一定的优势，可那场比赛过程的戏剧性，现在想起来还有些匪夷所思，加时阶段依旧充满着变化。

2006年世界杯的夺冠，我们最后通过点球击败了法国队。意大利队在世界杯决赛中进入点球决胜？相信很多人第一时间的反应，就是1994年在美国那高温天气下，意大利和巴西的那场决赛。意大利队长久以来都被认为点球决战的能力不行，可是2006年的决赛，我们是一支高度成熟的团队，我们对于点球的准备，对于对手的研究，做到了力所能及的最好。点球是有幸运的因素存在的，但是在团队罚点球决胜时，你的准备和你原本就具备的实力，才是影响到输赢的最大砝码。

说到广州恒大在亚冠中的夺冠，我们在客场取得的进球至关重要。进攻，不论在客场还是主场，都是广州恒大的风格，很大程度上，主场的压力要比客场还大，不过我们的先客场后主场的顺序以及客场的积极发挥，为分解主场作战的压力，构成了一个很好的前提。

夺取亚冠联赛冠军，我成为了第一个有着世界杯、欧冠和亚冠头衔的足球教练，这是一种殊荣，也是对我足球游历生涯的一种褒奖。我记得在亚冠主场和首尔FC决战前，有媒体问我，倘若广州恒大登顶亚洲，它跟十七年前带领尤文图斯夺取欧冠，在我心里会有什么不同。当时我的感觉应该是没有什么不同的，亚冠冠军跟其他冠军相比，带来的成就感和满足感是一样的。如果说有区别的话，世界杯夺冠带来的满足感无与伦比。

最终获胜时，我还是感觉到了一些不同，没办法说清楚这种感受，因为每次夺冠，都在不同的环境、不同的人群，带领的也是不同的团队，我自己也处在不同的人生阶段，有着不同的足球和生活阅历。人不可能两次踏进同一条河流，时间总会向前不断地行进，每次夺冠的体验，都难以言传。

亚冠的决赛方式由亚足联进行了调整，从一场决胜的方式，改为主客场两回合的比赛。以前一场决胜，决赛场地事先就有所安排，通常会是第三方场地，规则进行修改后，决赛有了强烈的主客场氛围，这种方式，和以前欧洲联盟杯的决赛方式相同。

回到主场进行第二回合比赛时，几乎所有的球迷和媒体，都在询问着关于“压力”的话题。我们当时客场打平，有着宝贵的客场进球，在万众瞩目下，球迷对于这一场比赛的关注度空前高涨，那一段时间，广州恒大是全中国最关注的一支团队。大家都希望我们能夺取亚冠冠军，但是对于我来说，这并不是压力，而是动力。在我们的主场，所有人都希望广州恒大夺冠，但是能代表所有人去完成这一历史使命的，只有我们这些。所以我每次和队员们交流，都会传递这样的观念，让我们都抱着极大的渴望去比赛，做最好的准备，竭尽全力，而不需要对结果患得患失。

我记得在赛前新闻发布会上，自己如是说过：“广州恒大跟其他亚冠球队一样，都拥有几名高水平外援，其他都是本土球员，因此，广州恒大就代表了中国！但这并不是压力，如果恒大明天问鼎冠军，所有的中国球迷都应该感到高兴。”

顶级的亚冠对决，不可能排除运气的成分，首尔 FC 也是一个韧劲十足的对手，我们能取得客场进球，他们同样不会放弃在天河球场破门得分的机会。他们的经验、外援和球队的融合程度，都是相当出色的。所以这场决赛，赛前的所有心理调整和战术准备，决定着比赛的进程。

心理调整上，我对广州恒大没有任何压力。虽然球队的这几年上升的速度，已经成了中国足球的纪录，但我们现在的球队主力，都是具备丰富国际大赛经验的球员。孔卡在南美的征战经历，为他做了很好的铺垫。队长郑智曾经在英超、苏超游历过。球队上一个赛季的亚冠征程，是对这种决赛最好的锻炼。上一个赛季，恒大就应该在亚冠走得更远，因为我们的攻击力在亚冠赛场上也得到了充分证明。这一次需要做到的，是攻守之间的平衡。

在临场指挥时，我心里一直很平静，这场决赛，和十七年前那场欧冠决赛、七年前那场世界杯决赛，能有多大的不同？需要的准备，我想我在这三十多年的执教生涯里，早就做好了。

比赛的过程有一定的起伏，尤其当我们取得主场进球后五分钟内，首尔 FC 就扳平了比分，这恐怕是让所有球迷最紧张的时候。这样的场景我早有预料，也和队员们提前做过准备，并没有太多意外。首尔FC是亚冠的强者，他们来到这里，没有实力强劲的反击，那才是怪事。

在这场牵动亿万人心的比赛结束后，广州天河体育场里盛大的庆祝派对以及颁奖典礼，是我平生难得一见的狂欢。庆祝派对包括很有中国风情的文艺表演，几千人参与这样的表演，气势无比宏大。随即我和我的教练组，以及全体球员，还乘坐上了大巴，携带奖杯绕场缓行，接受着全场球迷的欢呼。一直到凌晨一点多，我们才能离开球场，去吃点东西……说实话，比赛过程中，大家神经都高度紧张，庆祝过程又非常放松，到能离开球场的时候，每个人都觉得饥肠辘辘。

在大巴上，我忍不住要想，这是我们的一个完美赛季。在南非世界杯结束之后两年，我重返一线足球队主教练的岗位，来到广州恒大这一年半的时间，我们两次拿到中超冠军，外加足协杯及亚洲冠军联赛冠军各一次，这的确非常让人满意。整支球队取得长足进步，展现出极大的战斗热情，我对此感到非常开心。这个世界杯以及欧冠、亚冠的执教纪录，让我非常骄傲，这真的非常棒，我非常骄傲！

南非世界杯结束后两年，我又重新找回执教的激情，那种赛场草皮的清新气味，让我感觉熟悉而舒适。来广州之前，我就希望能在另一个大洲、在距离意大利万里之遥的国度、在截然不同的足球环境中取得成功。这一刻，一切都实现了，没有比这更让我愉快和满足的时候。

然而这样的满足不会延续很长时间。胜利的感受，赢得如此多美妙的比赛和荣誉后的感受，让人放松，可是坐着大巴离开球场时，又会感觉有一丝的失落。因为我们为这一切付出了巨大的努力，但能尽享荣耀的时刻，总会过得非常快。

我们每天亲眼目睹身边球员和球迷们展现出的热情，就像决赛这一夜到场的数万名观众，还有那些无法进场但在体育场外支持球队的球迷们，他们都身穿广州恒大的红色战袍，看到那种场面，心中怎能不激动万分。而我对未来胜利的渴望，更因为这一夜的成功，被激发得更加强烈。我们享受胜利的快乐，但这会让我们在未来更加由衷地去努力工作。

夺冠之后第一时间我接受采访时说过，在一两年时间内，赢得冠军或许是偶然的事情，连夺冠军才能让胜利成为习惯。广州恒大不是登顶亚冠，就功德圆满了。我们需要更多的冠军，需要给球迷更多的喜悦。这意味着教练必须将求胜的饥饿感，传递给整支球队，传递给所有喜爱和支持广州恒大的球迷，传递给这个社会。这样我们才会有更强的动力和激情，这样才能够打造真正的王者之师。

离开决赛赛场的时候，我细想起足球职业生涯的这一个新成就，所有赞誉和掌声鲜花，都集中于我。其实我赢取的所有职业荣耀，我总是乐意献给我的家人，我在广州工作，他们大多还留在意大利，每年只能见两三次面。哪怕回到意大利休假，我也会沉迷在观看比赛录像的工作状态里。他们为我做出了太多太多的牺牲，我由衷地感谢他们为支持我所做出的一切。

在夺冠之后，现场媒体的一个提问相当有趣，对我是一种很特殊的提醒。当时有记者告诉我说，这一天，也是亚历山德罗·德尔·皮耶罗的生日……

亚历克斯也不再年轻了，我心中很有些感慨，他的职业生涯和我的职业生涯，很长很长时间都是交织在一起的。说实话，在这些生活细节上，我有很多毛病，我连自己儿女的生日有时候都会记不住，其他人的就更……当时我就告诉这位好心的提问者，我真不知道亚历克斯今天过生日，但我由衷地为他感到高兴，祝愿他在澳大利亚以及未来的生活中一切顺利。我同时也将这场胜利奉献给他，他是我合作过的最伟大的球员之一，曾经做过他的教练我感到非常荣幸。

亚冠决赛的第二天，意甲赛季还在进行着，尤文图斯会和那不勒斯在联赛中进行强者对决。我从来没有淡忘过意甲联赛，整个欧洲赛场的变化，我都会尽可能地关注，哪怕我身在万里之外的亚洲。欧洲代表着最顶级的职业足球水平，每一场欧冠比赛，都能让我们吸收到一些新的足球营养。在这个赛季的意甲，尤文图斯、那不勒斯和罗马，是最为出色的。罗马的表现非常棒，他们也加入了联赛冠军的争夺当中，这个赛季的进步有目共睹，他们的教练加西亚非常出色，球员们很好地执行了他的战术意图。

我和托蒂、德罗西这几个效力罗马的意大利国脚们一直保持着联络，我相信，我在广州恒大的成功，他们也会感觉格外欣喜。这个世界很大，这个世界也会很小，足球是我们永远共同的交流语言。

# 绿茵法则

如果你要问我沟通秘诀是什么，我可以告诉你那是激情——对足球的热爱、对胜利渴望的激情。

EVERGRANDE

## 沟通的秘诀

在广州恒大执教期间，可能很多旁观者认为，作为一个欧洲教练，我和队员之间的沟通或许会存在问题，然而事实是，我和队员们的交流从来都没有障碍。我一来就建立了很好的沟通氛围，球员们能通过翻译很好地理解我的意图。

这是在足球范围内才能存在的一种现象——人与人之间的交流，所有人都认为面对面说话是最好的沟通方式，而我在广州恒大和很多中国球员交流时，是有语言障碍的，但是很多人不了解的一点是：足球本身就是一种语言。一种很特殊的语言。

我们都是从年纪很小时开始踢球的，足球运动最特殊的地方就在于，这是一项最简单却又最复杂的运动。简单在于足球的规则，放在世界上任何一个国家和地区，都是一样的，大家都要在统一大小的场地上，在统一的规则下进行比赛。最早足球和橄榄球区分时，橄榄球允许踢、抱摔对手，而足球不允许这种攻击性的身体接触，这就是规则。

但是另一方面，足球又会无比复杂。我认为足球就是世界上最复杂的运动，因为同一时间上场的一方有十一名球员，这十一名球员之间的协作与沟通，能诞生出无穷多的战术组合和变化。这就是一种社会化程度最高的运动，人与人之间的组合，人与人之间的对抗和竞争，都浓缩在这十一个人对立与组合的过程中，整个游戏还必须要在九十分钟之内结束。

在这样的简单和复杂当中，踢球者之间的交流都是通过一只足球完成的。1990 年代的英格兰球员大卫·普拉特，在桑普多利亚是很受欢迎的中场球员，也是在意大利取得成功的不多的英国人之一。他在桑普多利亚的第一年根本不会说意大利语，队友和教练也没有谁能说英语，但这完全没有影响普拉特在球队中的表现，因为他在训练和比赛中的专注，队友之间通过足球形成了最好的沟通。

1980 年代开始，意甲就有了“小世界杯”的称号，既因为意甲当时为球员提供的收入最高，也因为意甲有着最为丰富的外援构成，这些球员，不论来自拉丁美洲，还是来自德国、英国、荷兰这些地方，刚来到意大利的时候，都有着语言障碍——足球领域里，克鲁伊夫和贝肯鲍尔这样的语言天才并不常见，不过最终他们的成功，最重要的都在于他们能掌握最好的足球语言。

和中国球员沟通，让整支球队长时间保持着稳定良好的竞技状态。如果你要问我沟通秘诀是什么，我可以告诉你那是激情——对足球的热爱、对胜利渴望的激情。我和我的团队从来都充满着激情，这种激情，源自我们对足球的热爱，源自我们对这种足球生活方式的习惯。

激情这两个字既具体又抽象。球队进球的时候，球员疯狂的庆祝、球场里山呼海啸的鼓掌声，都是激情。那么在平时训练的时候，进行普通沟通，如何理解这种激情？我认为对于足球的激情，是我们从事这一行的每个人都具备，并且一辈子都不会丧失的一种法宝。一个战术组合如果执行中发生了问题，我们都会有足够的耐心和创造力，在训练场上通过各种演练示范来修正、来调整。这样的耐心和创造力，就是足球激情的另一种体现。

我们都是职业足球人，领俱乐部的薪水来维持生活。我们从事这一行最初的动力，不是因为这个行业能提供很高的薪水，不是因为这个特殊行业与众不同，不是因为我们每天都向往鲜花和掌声，而在于我们对足球的热爱从未改变过。当我看到队员们在场上训练，在奔跑和拼抢的时候，那种发自内心的愉悦，和我六十年前身为一个小孩，在学校操场上看到同学们踢球的快乐，仍然是一样的。

这正是我们能以此为职业，一生的职业，并且乐此不疲的原因。这也是我们能长久钻研此道，越来越专业的原因。因为那种最原始、最淳朴的激情，从来都不会动摇。

我的团队不仅仅有着最专业的足球教练，我还为广州恒大带来了一个最好的足球理疗团队。有人说这是过去二十年里皮足球取得成功的秘诀之一，对此我从来都不否认。因为在我开始执教时，现代足球正经历着一种最剧烈的变革，那就是球员在体能、技术与战术理解和执行上的多种知识融合。这种新的变革，建立在更强的体能基础上，以更快、更敏锐的方式，来完成更加复杂的战术执行。所以很多人都会说，现在的足球运动员，和他们的前辈相比，最明显的区别，是成为了更好的运动员。我相信这正是足球进步的体现。

克里斯蒂亚诺·罗纳尔多就是一个最好的例子。他技术的全面性，我到现在还惊诧，因为我清楚地记得他刚进入葡萄牙U21队的样子。那个时候的葡萄牙U21队里，罗纳尔多并不是最夺目的球星，当时公认的天才是夸雷斯马。但罗纳尔多十多年下来，每天都是最勤奋的训练者，他对自己身体的锤炼，几乎到了一种残酷的地步。他的天赋无须再多说，他的足球技艺，是在每一天枯燥乏味的重复训练里不断提升的。然而罗纳尔多几乎从来没有大伤，从来不会因为对手野蛮的身体对抗而失去对比赛的控制。我想说的是，他的这种持续进步，和他的上进心直接相关，和他较前辈们更加出色的身体素质直接相关。我们都说，一个伟大的成功者必须要有百折不挠的信念，在足球这个运动行业里，一个伟大的成功者，在信念之外，还需要一个能日日夜夜经受锤炼的体格作为基础。

从意大利带来这个和我合作时间接近二十年的理疗团队，是因为他们各有所长，能从运动生理学、运动心理学、营养学、训练科学等各个不同的角度，帮助每名球员保持最佳身体状态，否则像过去那个 2013 赛季，广州恒大就不可能长时间保持这样旺盛的战斗力。

这个理疗团队融入恒大后，不少对手教练跑来问我，能请我们的理疗师帮他们的球员恢复吗？我当然同意。这样的理疗团队并不是我首创的概念，也是结合了很多成功足球经验才组建起来的。足球运动的发展，需要各种想法和资源的结合。我希望恒大理疗团队的成功，能帮助中超其他俱乐部在球队建设上，也变得更加专业。

因为，没有良好的体能，在现代足球的竞争中，就完全没有一个战术执行的基础。我在恒大的助手李铁，以前在英超埃弗顿效力过的前中国国脚，他当年能担任好后腰角色，和他良好的跑动能力相关。现在的科技手段，对每个球员的跑动距离、跑动强度、跑动范围和跑动方式，都能实现比赛当中的严密监测，我相信未来一场比赛跑动达到两万米的现象，不会显得那么奇迹化。

而现代足球的一个热门讨论话题是：一场比赛这么多跑动，一个赛季又要进行这么多比赛，球员能够支撑吗？根据不同球员的特殊身体情况，他们各自需要多长时间进行恢复？他们在有氧和无氧状态下各有怎样的奔跑能力？这些奔跑能力对他们的技术动作乃至大脑思维，能产生怎样的影响？

一个教练必须能对这些个体有着不同把握，才能在每场比赛前合理地排列出针对性最强的阵容。我们还无法完全用量化的方式，去综合出一个最完美的答案，不过一个高效理疗团队能发挥的作用，就是测算出球员在训练和比赛后的体能状况，并且通过各种理疗手段帮助他们实现体能和精力的恢复，此外还能帮助不同球员制订符合他们身体特征的训练计划。

从这个角度看，足球的确是“最复杂的一项运动”。

我今年已经六十七岁，已经完成了很多重要的事，但我每次走进球场还是充满激情。我希望能把这份激情传递给所有人，我想这就是球员们能理解我的秘诀。

至于说有没有哪一名球员特别擅长和我沟通，这样的问题我无法回答。我有一句座右铭，所有和我共事的人都知道，我在前文里也说过了：没有任何一个个体能像我们这个集体一样强大。

## 我们必须是最优秀的

在中超联赛里，广州恒大有着最出色的中国球员，也有着最优秀的外援。2013 赛季如此，2014 赛季还会如此。例如这个赛季我们从意甲引进的迪亚曼蒂，就代表着恒大建立起来的俱乐部标准：我们必须是最优秀的。

迪亚曼蒂是一名进攻型中场球员，在意大利我们称他这样的球员为“9 号半”，他正处在职业生涯的黄金年龄，之前也有过在不同联赛效力的经历，他在英超的西汉姆联队就帮助球队保级过。迪亚曼蒂的综合能力很强，尤其是左脚。另外，他的性格也突出，不但团队意识强，而且是球场斗士。他是我们这个赛季阵容里的重要一员。

在我的考虑中，迪亚曼蒂就是恒大的“冠军”球员。我曾经说过“第一名”球员和“冠军”球员之间的区别。这两者其实是有差别的，差别甚至比字面上的意义还要大，让我再来强调一次：

“第一名”球员，指的是那些身体素质和技术上相当突出、天赋很高的球员。他们往往会被认为是天才型球员。因为技术和身体的优势，他们很容易在短时间内成为关注的焦点，甚至成为第一名，不过他们并不是一个团队成功的决定因素。

“冠军”球员则未必有着非常吸引眼球的技术，但综合起各方面的条件，他们是球队成功的决定性因素，球场内外都是。他们更加简练实用，他们的一举一动，都是以球队整体成功为出发点的。他们不会在意自己的行为是否上镜好看，他们不在乎自己的瞬间决定会不会有损个人形象。他们的风格和球队风格完全统一，他们在球场上总会最大限度地去执行教练的战术安排，严格遵守战术纪律。他们未必会是最大的天才、最被热捧的明星，但他们是一个团队的基石。一支不能取胜的球队，是没有“冠军”球员的。

在我来广州之前，广州恒大俱乐部就已经有了不少国际关注度，我来之后，关注这个俱乐部的就更多了。最开始大家注意广州恒大，和这个俱乐部快速上升的现象有关，它在球队建设上投入巨大。金钱是很重要的一个原因，没有足够的资金支持，不可能让一个联赛快速成长，过去几十年的足球发展经历说明了这一点；但是仅仅有金钱方面的投入，却不能做到让专业的人才管理专业的事务,那么这些投资就不可能产生必要的绩效。

围绕广州恒大有过很多说法,都是球员的收入、球队的奖金什么的。这是很容易吸引社会公众关注的媒体话题,但这对我来说是没有什么价值的内容。我不参与俱乐部奖金体系的管理,这方面有专业的人才在管理。所以未来赛季里,俱乐部奖金制度的变化,我完全不关心。但我一定会每天都关心球员们的训练和比赛态度。很大程度上,他们的训练态度要比比赛态度还重要,因为训练不投入的话,比赛状态不可能好。

我在俱乐部的角色,是主教练,是负责将合理的人安排在合适位置上的一个足球事务的协调者,但我不是一个什么都要管的足球经理。现在的足球行业里,也就是在英国的一些俱乐部,还有足球经理这样的角色——一个主教练不仅要管训练场和比赛场上的事,还要对球员的薪资、奖金这些事情负责,甚至还要对俱乐部的公众形象、商业拓展等负责。不过即便在英国,这样的足球经理也越来越少了。亚历克斯·弗格森退休之后,我觉得不会再有那么传统的足球经理存在。

这样分工清晰、让整个体系更加专业化的趋势,是符合足球发展的。就如同足球阵型在这一百多年的发展表现一样,从非常简单变得日渐复杂,在极度复杂的同时,又能以相对简单的表象呈现出来。但这不是一种周而复始的循环，而是渗透到每一个细枝末节里的提升。

所以如果有人问我，在这两年时间里，广州恒大俱乐部的管理发生了什么变化，从我的观察来看，并没有太多变化。一个成功的优秀俱乐部，很多时候容易被人夸大，甚至会被人神秘化。事实上，成功的秘诀并没有那么多，成功的过程也不一定就非常复杂，可是在走向成功的时候，你必须要将每一颗螺丝都按照设计图纸那样，牢牢地拧紧。每一个细节都做到完美，整体设计又是科学有序的，行走在正确的方向上，怎么会不成功？

因此广州恒大的管理变化并不大。这样就是对的。也许在奖金什么的方面，会有一些调整，但是调整的前提，一定是帮助球队竞技实力的提升，而不是下降。在我看来，这两年广州恒大最大的变化，是球员们在球场上的变化：他们的注意力、侵略性、技战术持续性、对抗性，所有这些技术细节都有了显著提高，每名球员的无球跑动增加了，战术执行能力增强了，而且比赛尤其是大赛的经验有了很大的提高。这些细节上，哪怕每一个环节只是增长了一个百分点，累积起来由质变到量变的变化，会大到惊人的程度。

我的工作成绩，主要体现在这些细节管理方面，这也是我最擅长的。一场场胜利的积累，使球员们的自信心也得到提升，我感觉球员们现在入场时的心态和我刚来时已经不一样了。

要说在管理中国球员方面，和管理其他国家和地区的球员有什么不同，我觉得中国球员的足球文化基础不够扎实、早期营养不够充分。这样的不足，根子在于从小成长的足球氛围和接受过的不同培训上。

我带过这个世界上几乎所有不同国家和地区的球员，南美人、欧洲人、非洲人……不同国家和地区有不同的足球文化和传统。文化听起来是一个很抽象的概念，实际上，文化是一种氛围环境，文化的体现，往往是各种小习惯的流露，小到一次触球的身体部位，一次反击当中所有球员跑动的反应速度，一次训练过程中和队友、教练对一种战术执行的探讨。

中国的足球传统不深，这和足球在中国的起步时间以及发展经历有关。意大利就是一个足球文化非常丰富的国家，很多意大利球员，在青年队里就已经了解一切足球秘密，包括一些球场上必要的小伎俩。中国没有这些东西，我的球员都很好奇，特意来问我，这样的好奇心和求知欲是非常受欢迎的。只有不断提问，才能找到问题更好的答案。我告诉他们，很多东西必须要在细节上一点一滴地去完成。

意大利足球的传承，特别注重专业化的分工和明确。1930

年代带领意大利国家队崛起的维托里奥·波佐是这方面的先导者,他其实是意大利国家队第一个真正意义上的主教练,因为在他之前,意大利国家队主教练的许多权限,都由一个委员会来执行。

波佐在1929年将所有球员选拔、训练和比赛指挥的权力,都争取到了自己手中,这对于他树立起严格的球队纪律、塑造强烈的团队氛围有着关键意义。他是一个早年在英国留学、生活过的意大利人,参加过第一次世界大战,所以管理风格上带有英式特色,又有着军队管理的严格性。

在足球战术上,波佐研究了所有欧洲对手,然后将球场上每一个部分的球员需要在比赛中扮演什么样的角色进行了明确区分,要求所有球员在训练和比赛中去执行。他会在每一次国家队集训时,继续观察和考核这些球员的状态,看他们在回到俱乐部的时候,是否也按照自己的要求去做了。

这样的管理规范一旦明确,影响力就会从上往下扩散。波佐带领的意大利国家队,在1934年和1938年两届世界杯夺冠,更让他的管理系统广为普及,一直延续到今天。特别受益的,是意大利足球的青训体系、草根足球体系。利德霍尔姆[1]说意大利足球从低龄培训时起,"就是按照职业足球的要求,来为孩子们

1 前AC米兰瑞典籍名帅。

设定成长道路”。这种说法未必完全准确，但体现了意大利足球在专业性和训练严谨性上的特殊。过早确定孩子在足球场上的位置和角色，对他们高度分工的精确性有着极大的帮助，但也有可能会限制住他们的创造力和可塑性。所以没有一种足球体系是完美的，只有不断触类旁通、综合吸收，并且在实战中不断改良，才可能得出一个更好的足球管理模式。

这就像贝利所说的那句名言：“我最好的进球是哪一个？……下一个。”

从波佐执教意大利国奥队（1912 年斯德哥尔摩奥运会）和都灵队（1912—1924）至今，意大利的这种足球传承已经超过了一个世纪之久。这一个多世纪中，两次世界大战爆发，欧洲经历了两次惨绝人寰的毁灭，而足球的种子从来没有消失，反倒是随着欧洲的崛起，而不断迈向新的高峰。在这样的成长过程中，足球吸收了大量的社会营养，也形成了越来越丰厚的文化基础。第二次世界大战之后，欧洲足球发展的轨迹，基本上和整个欧洲统合的轨迹类似：资源高度集中，专业分工越来越精细。所以有人会将这段足球发展过程，称之为“欧共体足球”或者“欧盟足球”。

将中国足球的文化传承和意大利以及其他发达欧美足球国家对比，显然不合情理，可是中国足球也有自己的发展经历，其中的一些文化精髓，我相信如果仔细研究和咀嚼，肯定能找到非常有营养的部分。问题在于，中国足球是否对自己的过往有足够的研究。

## 足球是一种文化建设

不论在欧冠赛场，还是在观看欧冠赛事的直播时，耳边总会响起那古典优雅又激动人心的欧冠旋律。那是世界最顶级职业足球的音乐。我很想念欧冠的乐曲，一项足球赛事的成功，其实是整个足球文化环境的成功。欧冠音乐的深入人心，能成为全世界体育迷最熟悉的运动音乐旋律，就是这种文化传播的功绩。

亚冠相比而言，有一点点的遗憾，类似欧冠那样识别性极高的音乐，在亚冠还没有出现过。但是在 2013 的亚冠赛季，我在天河体育场，听到了最美妙的足球之音，那就是全场观众齐声高唱的声音。在这样的声音背后，足球文化的发展，正在悄然生成。

夺取亚冠之后，有人问过我是否想过重返欧洲，因为来自意大利，以及英格兰、法国等地对我的邀请，从来没有断绝过。这种询问可以理解，毕竟欧洲是我的故乡，也是我的足球生涯成长的地方，是我最熟悉的足球环境。不过可以让广州球迷放心的是，我现在绝对没有这样的想法，和广州恒大俱乐部续约三年，就说明了我在广州过得多么开心，我十分享受在这里的工作和生活。

和欧洲相比，中国的领土面积、经济体量，大致相当，可是在足球这一项上，中国还没办法和欧洲相提并论。人们都说足球是在中国最受欢迎的运动，可是在我看来，足球只是在中国吸引观众最多的运动。倘若足球在中国最受欢迎，那么参与足球运动、真正通过身体力行来体验足球的中国人，肯定要比现在更多。如果中国人真正从心底里接受了足球，那么肯定会有更多的孩子们来参与这项运动。而据我所知，看足球比赛的人很多，中国的电视上，几乎能找到所有欧洲顶级联赛、杯赛的赛事直播，还都是免费播出的，甚至连一些南美联赛都有，可是孩子们却被阻止去踢球，想踢球的孩子们，找不到几片平整的球场，这样的现象在中国并不罕见。

中国的人口基数，意味着这个国家只要真正接受足球、重视足球，必定能成为一个世界顶级的足球大国，然而这样的转变并不容易，需要很长时间、需要细致入微的文化观念转变，才能实现。在中超联赛里，这几个赛季下来，投资中超的公司和商业品牌越来越多，我相信这和中国经济的高速发展是直接相关的。因此在联赛里，能够引进的欧洲和南美的高水平教练和球员，也越来越多。不过这只是对一个职业联赛的建设,职业联赛在一个国家的足球架构中,属于最顶层的部分,中国足球发展的基础,重点在于基础设施建设。

广州恒大在自己的足球战略布局上认识到了这一点,恒大足校就是专门打造出来的一个专业化足球学校,我很荣幸地承担了这个学校校长的职位,这是许家印先生和广州恒大授予我的殊荣。恒大足校现在有两千多个孩子在这里学习和踢球,在文化知识学习与足球专业技能培训方面,有着非常科学的安排。对于低年龄组别,我指的是十五岁以下的年龄组别,不会对孩子们进行过高、过大强度的足球专业技能培训。按照足校里西班牙教练们的安排,这个比例应该是 8 比 2 的范围,也就是孩子们踢球的时间,和他们文化学习的时间相比,只会占到后者四分之一的比例。

足校和皇家马德里俱乐部有着深度合作。我们认识的皇家马德里,是那个塑造了欧冠传奇、每个赛季休赛期都能创造世界转会纪录的奢华俱乐部,然而皇家马德里的青训体系,在欧洲同样是不同凡响的。他们培养出了大量的优秀球员,只是因为皇马对于一队球员知名度和国际影响力的过高要求,这些本俱乐部培养出来的优秀球员,很难短期内能在一队占据主力地位。这几个赛季,像英超和西班牙国家队的前锋内格雷多、索尔达多，都来自皇马的青训体系，他们的实力说明，皇马的青训模式，对于培养青少年球员，科学而且实用。恒大足协和皇马俱乐部的合作，能帮助皇马扩大在中国乃至亚洲地区的影响力，也能帮助广州恒大和中国足球培育出未来的优秀球员。

我个人的角色，虽然是足校的校长，但管理俱乐部一队会消耗掉我绝大多数时间和精力，难以做到每天都关注足校的事务，所以短时间内，我更多承担的是恒大足校的顾问角色。我很乐意承担这个角色，或许未来我会在恒大足校的发展中，投入更大的时间和精力。关注中国孩子们在足球方面的成长，会是一件多么令人欣喜的事，我有很多经验和故事，可以和孩子们分享。

只是在中国，像广州恒大这样有足球战略眼光、有足球投入气魄的社会机构还不够多。中国足球缺乏优秀的传统和传承，即便能拥有一些出色的球员，但是在整体足球文化氛围稀薄的环境下，这些出色的球员，还难以改变现在的中国足球气候。所以我对中国足球的观察，始终会强调这种足球文化的建设，有耐心有持续的建设。

在这样的建设过程中，一些特殊的手段，肯定能起到事半功倍的效果，例如中国申办世界杯。我听说过中国的政府高层领导，对于申办世界杯是有着积极态度的，北京的 2008 年奥运会也证明了，中国举办世界杯不会有任何问题。这两年的时间里，我去过中国许多个城市，有一线大都市，也有二三线的城市。我所到过的中国各地，几乎每个大城市都拥有六七万人容量的体育场，而且这些体育场建成的时间都不长，设施良好，因此对于举办世界杯来讲，硬件上中国没有问题。经济实力上，中国更具备奥运会和世界杯这些顶级国际赛事所需要的政府和社会公众投资潜力。

举办一届世界杯，不会从根本上改变一个国家的足球文化，但在家门口举办的世界杯，在中国足球转暖的前提下，会对足球在中国的发展起到催化剂的作用。这样的例子，我想 2002 年在日本和韩国举办的世界杯，就是一个最积极的证明。

# 俱乐部VS国家队

在教练和队员之间，这种职业上的敬畏关系，是一种很健康的存在。

## 留洋、外援与青训

在广州恒大执教的前半个赛季，我对于球队和队员，以及整个中国足球、亚洲足球的环境，都处于适应和认知过程中。最早我感觉在广州恒大队内，能够在欧洲一流联赛站稳脚跟的，首推张琳芃。通过随后这一个完整赛季的共同成长和经历，我发现有更多队员是具备去欧洲发展的潜力的。

郑智已经在英超证明过自己，他现在年过三十，不过仍然具备足够的实力。他踢球越来越聪明，适应性非常强，球场上几乎没有他不能打好的位置，当然，对于郑智，我觉得中国国家队总让他打中卫，这有些可惜。郑智最适合的区域还是中场，他对比赛清晰的观察力，他的大局感，他能攻善守的全面性，以及他对于球的支配能力，决定了他在中场能发挥出最大效用。

张琳芃和郑智之外，冯潇霆、孙祥以及曾诚，都是具备征战欧洲潜力的。孙祥以前就在欧洲踢过，时间不够长，但打过欧冠。

孙祥是真正的职业球员，我所说的那种"冠军"球员，我很喜欢这样认真的球员。

广州恒大的几名外援，被广泛认定为亚洲最出色的外援，孔卡、穆里奇、埃尔克森，都具备在欧洲顶级联赛成功的素质，孔卡想念南美，回巴西踢球是他和他家人的选择，我们必须尊重。新加盟的迪亚曼蒂，早就是在意甲英超得到过证明的意大利国脚。不过我否认广州恒大只是依靠外援才能取得这样优秀的成绩，一支球队光靠外援，在中超不可能取得成功。

在这之前，上海申花不是有过德罗巴和阿内尔卡这样的顶级前锋吗？德罗巴到此刻，仍然能在欧冠和土耳其联赛里不断进球，阿内尔卡也回到了英超赛场，可是他们共同效力的那个赛季，上海申花只取得了中超联赛第九的成绩；大连阿尔滨的凯塔，以前是巴萨的球星，西甲冠军和欧冠冠军的资历他都有，能力出众，阿尔滨还有乌塔卡，可是这样的外援组合，也没有帮助大连取得太好的成绩。所以我们首先需要建立一支完整的球队，然后再加入一些球星，或者外援或者内援。

中国球迷和媒体，对于自己的球员能够去到欧洲效力，总是充满着期待，这样的心态能够理解。过去几年，中国足协和一些不同的机构，将许多青少年球员送到欧洲，送到南美，让他们去更先进的足球环境里接受训练，目的还是为了锻炼出有国际竞争力的未来的国家队。这种做法无可厚非，不过这只是短期的做法。长久的中国足球发展，在青少年足球培训上，需要广泛的基础，进入专业提高阶段，同样需要自己具备培养高水平人才的体系。如果过度依赖其他国家的青训专业培训体系，能够得到一些短期的高质量产品，却不会具备自己的育才系统。我觉得这种系统，才应该是中国足球去花力气培育的。未来的广州恒大足校，就要起到这样的效果。恒大足校已经和包括皇家马德里在内的欧洲先进足球机构展开合作，我相信，这种基于本土的青训计划，最终结出的果实，最大的便是自己的成功培训体系。

每个休赛期间，球迷关注的往往会是转会市场上的动向，这也是我们作为职业教练必须要做的工作。不过和外援同样重要的是，广州恒大能否从自己的梯队里提拔出更多年轻球员，我们的青训体系能不能培养出更多提高广州恒大战斗力的年轻球员。

青训关系到这个俱乐部的未来，而且不仅是我能看到的未来两三个赛季，不仅是我和俱乐部合同期的这么两三个赛季。我希望能给广州恒大打下一个坚实的基础，且能在未来很长时间有用。外援不能成为球队的基石，他们应该是锦上添花的角色。我们的青训，会根据一队不同位置的需要培养球员，我们不能犯上海申花和大连阿尔滨犯过的错误，这支球队的核心力量必须是中国球员。打个比方，对于这支球队，中国球员就像一块大蛋糕，外援是蛋糕上的小樱桃。

中国球员们是否要努力争取到欧洲踢球的机会？当然需要。不过在具体情况下，欧洲职业足球对于中国足球的不了解，让这种沟通交流难度很大。中国球员的整体能力，包括他们的语言沟通和生活适应性，要在欧洲扎根，也需要做出很大提高。本土联赛的提高，是中国球员竞争力提高的最好解决方案。

关于恒大的队员到了国家队之后，为什么跟他们在俱乐部的表现不完全一样，这其实就是俱乐部和国家队差别的体现。这不仅仅因为是高水平外援没有了，更是一种竞技环境和比赛目标的整体变化。俱乐部和国家队之间，由于用人存在的矛盾，在任何一个国家和地区都存在，可以说这是现代足球自从创立以来就存在的矛盾。这种矛盾不可能有办法一次性根除，只可以通过沟通和相互理解来协调。

说到广州恒大，很多媒体，包括来自欧洲的媒体，都会强调俱乐部投入有多大，花了多少钱。这种说法，过去十年对于英超的切尔西、曼城，对于西甲的皇马、巴萨，对于法甲的巴黎圣日耳曼、摩纳哥，都有过。世界上任何一支球队想要打造好强大的阵容，都需要金钱，无论是强队还是弱队，这种现象不足为奇。在稳定投入十年之后，现在的切尔西，遭到的怀疑和讥讽，就少了很多。事实上，在这之前，意甲的拉齐奥，在埃里克森执教那段时间，投入也是相当大的。没有投入，不可能有足够的竞争力，这是现代职业足球的经营规律，而职业足球并不是商业生意，而是更加复杂的承载了千万人喜好的社会公共事务。

每个教练都希望自己执教的球队能够变得更强，都希望自己能带队取得更多的奖杯，如果设身处地想一想，大家对于像穆里尼奥、瓜迪奥拉这些年轻一些教练的执教选择，就会非常理解。如果你是穆里尼奥或瓜迪奥拉，切尔西和拜仁慕尼黑向你敞开了大门，面对有着取得更多冠军机会的顶级俱乐部，你为什么要拒绝？为什么一定要求最顶级的教练，去执教那些实力弱小、管理架构也缺乏长远发展可能的俱乐部？这样才能证明教练的能力吗？这是不合人情的要求。

我选择广州恒大，也有着这样的原因。广州恒大的强大，不仅在于球队，更在于这个俱乐部。球队有着很棒的团队在后面支撑着，才会具备长久的竞争力。我能执教广州恒大，无疑是幸运的。

选择一支球队，我非常看重球队的凝聚力，看重球队当中有多少“冠军”球员。优秀的球队，必须要具备球员之间的默契，大家彼此之间有信任。这样的默契和信任，不仅存在于场上，也必须在平时生活和训练中体现出来。这一年半时间，我和队员们彼此已经非常了解，他们对我没有惧怕，更多的是理解和尊重，不明了的问题能够很好地和我沟通。刚来到广州的时候，球员们对我多少有些畏惧，甚至对我来到这里执教难以置信，因为在他们心目中，我永远都是那个带领意大利队夺取世界杯冠军的里皮，我和他们距离太远。这样的隔膜很容易打破，因为每天我们都在训练场、更衣室或者赛场相逢，我们长时间待在一起，各种交流都会产生。

我想，在教练和队员之间，这种职业上的敬畏关系，是一种很健康的存在。

# 中国国家队

2013 年的下半年，我过得非常忙碌，几乎是在不间断的旅行和比赛当中度过的。其中一次联赛和亚冠间歇期，我去了中国最古老的古都西安，观看中国国家队的比赛。这场比赛中我的出现，以及这场比赛之前我曾经去过清远的中国国家队训练基地，让媒体和公众产生了大量的联想，尤其是关于我和中国国家队之间的距离。

我听说西安是中国历史最悠久的都城，现在还能看出当年国都的一些痕迹。可惜时间不够，我在西安只能短暂停留。像西安这样的文化古都，许家印先生告诉我说，哪怕是旅行一个月，也是不够的。意大利教练里，卡佩罗是一个对文化古迹和各种古典艺术特别感兴趣的人，我记得就在 2006 年世界杯期间，他曾经和夫人一道来中国游览北京以及长城。意大利队夺取世界杯，卡佩罗给我打电话致贺时，人就在中国，正在享受他的中国文化之旅。希望未来我能有机会，多多走访一下西安这样的城市。

我在现场观看了中国队同印尼队的比赛。那是一场亚洲杯预选赛小组赛。中国队最后 1 比 0 胜出，能取胜当然是好事，尤其考虑到在客场和印尼队的比赛，中国队表现得不够好。只是这场取胜的过程，的确很艰难。中国队本应该再多进几个球，但在比赛里中国队的进攻没有完全发挥出来。

事实上，我虽然出现在了西安，但我不是去考察国家队的，我只是观察自家球员。就像在中国队客场打印尼队之前，我去清远基地观摩，也是为了考察本队队员。

和印尼队在西安的比赛，一段时间内，场上的中国国脚们，有九个人来自广州恒大。但他们在国家队的表现，和在俱乐部之间有所不同。人们看到的，是他们彼此之间居然比较生疏，配合不够好，这种状况，恰恰是国家队的压力和环境所带来的。两次去看国家队训练和比赛，我见到了中国队的代理主教练傅博，有过一些简单交流，但这只是平常问候。我是去看我的队员的，傅博负责的是中国国家队，这和我无关。

值得一提的是，西安这座城市，据我所知现在没有中超联赛的俱乐部，不过我在西安的朱雀球场，在温度很低的环境里，看到了三四万热情洋溢的球迷，他们对于国家队的支持不遗余力。

以前贵州俱乐部就以这个城市为主场，后来听说是俱乐部老板觉得贵州当地政府给的条件更好，才搬离了主场。这是一件匪夷所思的事情，就像哪天国际米兰突然搬离了米兰，去到另外一个城市，这简直难以想象。我为西安的球迷感到惋惜。

此前此后，关于我可能执教中国国家队的消息，从中国传到欧洲，又从欧洲传到中国，我想这可能就是互联网时代信息流通的特点吧。事实上，在那段时间里，我和广州恒大的合同，要到2014 年年底才结束，在这之前，我不会考虑任何其他问题，我的身份就是广州恒大的主教练。在 2014 年休假结束，回到广州恒大时，俱乐部马上和我开始续约讨论，一切都进展得非常顺利。我对俱乐部长远的战略考虑，包括恒大足校这样的项目，都充满着信心，我们的球队结构、俱乐部后援支持和管理，都非常到位，我坚信在未来两三年内，恒大都会是在自己参加的各项赛事中，强有力的争冠候选。我这一年半的工作，成绩斐然、心情愉快，我的身体和精力也完全能应对这样不间断的俱乐部事务，为什么不和广州恒大续约呢？

至于中国国家队，这只是媒体传说中的可能，根本没有走上我的议事日程。球迷如此欣赏我、看重我，是我的荣幸，只是这一切都还只是传说。

就在我与恒大续约的同时，中国足协聘请阿兰·佩兰为中国国家队主教练，未来三年他都将和中国国家队一起工作。佩兰是一位有过欧冠征战经历的优秀教练，来自法国，在法甲和英超执教过，并且在西亚有着丰富的工作经验。我相信他一定能带领中国队取得成功。我们未来在工作上也会有很多沟通与配合，我会给他很好的支持。

我此前和媒体交流时说过，希望自己能在七十岁退休，于是就有媒体询问我说，当我七十岁的时候，正好是2018年俄罗斯世界杯，有没有可能在那时候带领中国队去打世界杯……这种想法确实很美妙，只是对我来说，这种美妙的想法，距离还太远。生活的路要一步一步走，我现在的全部注意力，都集中在广州恒大之上，我相信我们在广州恒大的努力，也是对中国足球的贡献。

## 新赛季的挑战

从 2014 年开始，亚冠联赛又会进行改制，东西亚分成两个半区，在决赛之前，两个半区的球队不会相碰，这样的改革，我觉得是符合亚洲足球现状的。

亚洲幅员之辽阔，没有任何其他大洲能够相提并论，从迪拜飞到东京的距离，跨越那么多个时区，我相信对所有旅行者都会是一种挑战，更何况是准备时间非常紧张的职业球员。分区之后，也许我们旅行的距离和难度会下降，适应客场气候和环境，能够更便利一些。2014 赛季的欧冠，对广州恒大来说会很艰难，首先我们是卫冕冠军，所有对手都会重视我们，会拿出全部能力来应对我们。其次，在 2013 年，我们踢了十二个月的各种比赛，哪怕在我坚持下，一定要给队员们放一个月的假，那种生理和心理上的疲劳，也不是能很快恢复的。

夺取亚冠，大家的心理兴奋程度达到一个高潮期，此后会有一个漫长的回落过程。要想调整好大家的状态，恢复对比赛的渴望度、对冠军的饥渴感，我们要针对每个不同个体进行具体的调整，甚至要结合不同队员的生物钟来进行监控。

在职业足球环境里，我认为假期就是一个球员一年中最重要的时间段，这是他们重新充电和准备自己的时间。如果在疲劳期后没有充分休整，球员们无法保持之前的状态，更别说提高自己的水平了。我们在2014赛季集训比别人迟，进入状态恐怕也需要时间。不过这对我们来说，仍然会是一个很长的赛季，具体的恢复计划早就制订好了，执行的效果也不错。在亚冠的揭幕战和中超联赛的揭幕战里，广州恒大下半场“惹不起”的状态又和大家见面了，我们有足够的信心去应对新的挑战。

国内赛场同样重要，很大程度上，国内中超联赛的竞争，我觉得会比亚冠更加激烈。亚冠和欧冠一样，是联赛混合杯赛的综合赛制，前期小组赛、后期杯赛淘汰形式，所以亚冠的征战，偶然性和运气的成分会更高。中超联赛则相反，最终夺取联赛冠军的，肯定是实力最强的球队，因为三十轮联赛，横跨大半年的征战赛程，偶然性非常低，不具备最强的实力，不可能占据联赛最终榜首的位置。有句俗话叫“联赛积分榜不会撒谎”，我认同这样的观点。

2013赛季，广州恒大在中超联赛中进展顺利，以很大领先提前夺冠，这样的场景，在未来的赛季里恐怕很难重复。我们最大的对手分别是山东鲁能和北京国安，他们都有过在中超联赛夺冠的履历，都有着非常好的球迷支持，更关键的是，他们在这个休赛窗口，对于球队的阵容乃至主教练都进行了调整。引进的外援以及本土球员水平都非常高，整体投入巨大，很显然，他们就是冲着联赛冠军来的。

有一方面情况，山东鲁能和北京国安与我们类似，那就是未来赛季我们都需要多线作战，中超、亚冠以及足协杯。广州恒大上赛季在亚冠夺冠，肯定也刺激到了其他中超竞争对手，他们必须要提高自己在亚冠当中的成绩。这样的良性竞争，正是中国足球所需要的。

联赛当中，另外一个对手需要我们注意，就是江苏舜天。2012 年，江苏舜天是争夺联赛冠军强有力的竞争者，那一个赛季临近结束时，江苏在主场和广州恒大的比赛，现场实际观众人数，可能超过了八万人。我难以相信的是，在 2013 赛季，他们居然差点掉入了降级区。2014 赛季，江苏舜天也更换了主教练，在引援方面，他们投入相当大，从首尔 FC 投入 400 万美元收购来的黑山国脚德扬，就是上赛季亚冠决赛和我们交手时两场比赛都有进球的优秀前锋。江苏舜天在这个赛季没有亚冠比赛任务，他们的 2013 赛季不够成功，和中超亚冠双线作战也是有关的，球队被分散了精力，难以做到两头兼顾。2014 赛季，我相信这支球队会有很好的提升。

中超联赛竞争对手实力的增长，对广州恒大是鞭策，也是提醒，对整个中超联赛也是一种提升。我希望这样的趋势能延续下去，更希望未来的亚冠联赛里，更多中超球队有着杰出的表现。

# 中国、亚洲与世界

文化的建设，不是像物质的建设那样，能够通过高度密集的资源和人力集中，就可以在短时间内完成的。

TOSHIBA

## 中日韩足球之我见

虽然中日韩这三个国家的职业联赛起步时间相近，都在1990年代初期才有了正式的职业联赛，但是我觉得日韩的足球文化，和中国差别很大。日本J联赛的前身，是以日本企业为主导的半联赛，那样的过渡期，再考虑到日本高度发达的商业环境，让日本的职业足球有了很好的发展基础。在职业规则制定和职业规范遵守上，日本早就在亚洲领先一步。

日本是很有远见也很有耐心的一个民族，这些优点体现在他们的足球发展上。来到中国之后，我听说过一些中国足球人对日本足球发展的观点，认为在1990年代初期，日本足球的水平是不如中国的，因为当时的日本国家队打不过中国国家队。这种看法有竞技成绩作为证据，当然会有些道理，但是也有些狭隘。在这二十年时间内，日本足球对中国足球的领先，在一点点扩大，甚至在整个亚洲足球范围内，日本足球已经取得了整体上的优势。

这种优势，在日本国家队和日本J联赛俱乐部层面上，还体现得不够完整。我所知道的日本足球，是一个全国拥有六万多名日本足协认证并且专业培训过的教练，具备从事足球运动人数超过百万的青少年基础，全国教育体系对足球运动无比支持的环境，一个高度职业化社会化运营日本足协的管理体系。

说到日本对青少年足球人才培训的重视程度，我相信中田英寿的成功，就应该是一个亚洲足球的范例。他还不到十八岁的时候，就到尤文图斯去训练过，我当时还在尤文执教，对这个日本少年有些印象。

我记得第一次在训练基地，助手将中田英寿带过来和我见面时，我感觉他身材非常瘦小、很羞涩内向，不会说意大利语。如果只是从身体条件看，中田英寿的职业前景并不明朗。但是两三天训练下来，青年队的教练就告诉我说，这是一个技术能力很好的孩子，“他阅读比赛的能力，比我们一队的一些球员都好！”我觉得这些评价有些夸张，因为青年队的教练永远都会抓住各种机会，向一队的教练推荐自己培养的孩子，当初我担任青年队教练的时候，何尝不是如此。但是看过几次中田英寿对抗比赛之后，他让我惊诧。

那时候我对于日本足球了解不多，只知道J联赛起步初期，像济科、利特巴尔斯基、莱因克尔这样的成名球星，会在日本结束职业生涯。中田英寿的出现，让我对日本球员的技术根底，有了强烈印象，后来才逐渐知道，在 1980 年代末到 1990 年代，十余年时间里，日本有几千个家庭，为了让孩子成为出色球员，自己出钱送孩子去巴西接受足球培训。所以在日本民间，青少年足球的基础，是以全球最强的巴西为楷模的。

而日本足球的改革，在体制设计上，又借鉴了德国和英国的很多模式优点。德国的运动普及与教育结合，是一种典范，英国善于将足球进行商业包装。日本或许还没能完全将他们吸收到的营养发展起来，因为现在 J 联赛无论是上座率还是受欢迎程度，增长速度都还比较慢，不过这二十年时间，日本已经形成了全国人民都爱足球，并且大力鼓励青少年参与足球运动的社会风气。在这样的环境里，只会有越来越多的足球人才涌现。

中田英寿并不是第一个能闯荡欧洲并且成名的日本球员，更不是第一个这样的亚洲球员。在他之前的亚洲足球代表，有韩国人车范根。车范根 1980 年代在法兰克福和勒沃库森达到的高度，到今天仍然应该是亚洲球员闯荡欧洲的最高标尺。韩国足球的基础，可能要比中国和日本还好，只是在职业化方面，他们和日本人相比要略微保守一些，韩国的社会规模、政治局面，也比两个邻国更加复杂。不过韩国人做事很有韧性，国际交流的意愿也非常强烈，这些年韩国的商业品牌在国际市场上的成功，让大部分欧洲国家望尘莫及。

比较而言，中国的职业联赛，虽然和J联赛、K联赛基本上同步，然而在职业化、市场化程度上，发展状况不同。中国的职业联赛俱乐部，可以允许商业品牌进入到俱乐部名称当中，这在其他国家是看不到的。中国国家队在国际赛事上，也不如日本和韩国成功，体制上肯定有原因，但专业层面上的原因，其实非常清楚。

我在这两年的观察当中能感觉到的，就是中国球员从小接受的专业培训，有一些欠缺，很多重要的技术细节培训，也许在低龄时期就没有做得足够扎实。一个球员的成型，许多技术能力，例如对于传球的把握，在他进入到青年队时就应该具备。一次传球是什么？不仅是接应好队友的来球，控制住，而且同时要完成对此刻场上局面以及未来场上局面的观察，还要做到用最简洁有效的方式，将球传给队友，还要让队友能舒服地接应到球，并且这一次传球是有效传球，是能够对未来场上局势发展起到积极作用的。

一次传球，听上去很简单，实际上包含了大量的工作，需要在两三个组合动作中完成，这当中，球员本身对球的控制，只能占据一小部分，大部分工作，需要通过观察、判断、猜测来完成，而完成的时候,必须是球员从小接受的训练,已经形成了对于这种局面操作有效的本能反应。这其实就是一个巨大而且复杂的系统工程了,我们很难用绝对精准的量化数据,来评价一次传球是好还是普通,或者是不够好还是很坏。越优秀的球员,越能够在最短时间内作出最正确的判断,并且用最简单的方式,推进比赛的发展。

很多天才球员,完全可以用最简单的方式,在最短时间内,做出最正确、对本队最有力的执行,但是他们往往不能在比赛中,控制住自己的个性,忽略了团队配合才能取得最大值的足球原则。这些球员的技术能力往往出类拔萃,对大部分观众而言,他们的观赏性也是无与伦比的,可是在团队最大值的前提下,他们的一些临场处理,往往不是最好的处理。这也是我为什么会有“第一名”球员和“冠军”球员的对比。

中田英寿,以及后来在欧洲出名的中村俊辅、长野佑都、本田圭佑、香川真司这些日本球员,他们的一个共同特点,就是技术能力非常出色,看他们的传球、护球,就能看到他们第一脚触球时,那种美妙的球感,而他们在激烈拼抢中的传球,便体现出他们对比赛观察能力的出色。这些良好的技术能力,都是从小在每一次训练和对抗中积累的结果。如果不是长时间高频密地触球、控球,他们不可能具备这样的球感;如果不是注重团队至上的要求，时刻保持和队友形成配合的概念，他们传球不会那么出色。这样的球感和比赛阅读能力，正是少年队、青年队教练，在长期培训过程中，一点点教会这些球员的。他们后来都在欧洲高水平联赛里取得了成功，但是他们成功的基础，早在日本少年时代就已经打下了。

这只是中国和日本以及韩国足球之间对比的一个差异部分，我的判断是，日本和韩国人成为职业球员之前，青少年时代的准备，要更加扎实。这和勤奋与否并不直接相关，而是勤奋与努力的方向和方式是否正确。

这样的对比，不能说明中日韩足球对比的一切，在俱乐部层面上，中国俱乐部是完全可以和日韩俱乐部抗衡，并且超过日韩俱乐部的，过去一年的广州恒大就说明了这一点。由于外援给球队的助力，中国俱乐部的能力可以得到更大的提高。

再去做一些具体的对比，看中国球员和日韩球员，在体能或技术方面的差别如何。这样的提问我经常会碰到，可是我不能给出一个简单明了的答案。因为足球是一个既简单又复杂的运动，简单在于足球对抗可以通过最简单的比分显示高低，复杂则在于形成高低水平的不同，不是一两个原因就能分析出结果的。

我们看到的事实，是日本国家队的水平远高于中国国家队，日本国脚们的实力远超中国国脚。日本是亚洲杯冠军,和欧美球队也有足够的对抗能力。韩国国脚的实力也超过中国国脚,因为他们也拿到了世界杯门票。在我看来,这样简单直接的成绩,就是差别最为明显的地方。另外在个体球员上,我听说过很多人对日本、韩国国脚们的实力有所怀疑。这种怀疑毫无道理,日本、韩国国脚有多少能在欧洲立足甚至成功的,中国又有多少?差距十分明显。

完全妄自菲薄,又是另外一种误区。中国足球哪怕在和日本韩国差距拉大的过程中,仍然诞生了足以在欧洲足坛取得成功的球员。这种例子,一个就在我身边:李铁,另一个就是仍然在中超联赛中踢球,而且表现还非常突出的孙继海。

不得不说,孙继海是一个足球奇迹。他在曼城和英超效力过很长时间,应该是所有去欧洲踢球的中国球员里成就最高的一个。他现在还是贵州的队长,仍然是我们在中超赛场上最大的敌人之一。能将自己的竞技生涯保持如此之长,并且还能保持着这样出众的比赛影响力,你不得不对他的职业精神和专业素养表示尊敬。

孙继海在曼城踢球的时候,我对英超的关注并不多,没有看过他太多比赛。倒是在中超,广州恒大和贵州交手太多,我有了多次近距离观察他的机会。孙继海是我所说的那种“冠军”

球员，他的技术动作从来都不花哨，每次都会用最简单的方式去处理不同赛事挑战。后来李铁告诉我说，孙继海的成长道路和他不同，当年并没有入选去巴西集训的球队，但孙继海的父亲是一位很优秀的田径教练，同样精通足球，孙继海从小开始的足球培训，都有着双重训练：既跟着自己所效力的球队训练，同时还会接受父亲的额外指导。孙继海现在就是一个中国足球在艰难环境也能取得成功的榜样，他从小打下的基础要比同龄人更加扎实，而这么多年下来，他仍然按照当初的训练方式，一天都不松懈地坚持着。他并没有太多改变，因为他早就有了一个让自己成功的优秀方程式，这样的坚持，并没有旁人想象的那么辛苦艰难。

我相信当孙继海还活跃在这个 2014 中超赛季的时候，会有无数的羡慕眼神，从那些年轻的队友和对手眼中流露出来。尊敬和羡慕都是应该的，不过他们应该珍惜机会，好好观察一下孙继海在比赛之外，如何对待这个职业、如何训练、如何处理自己的生活和工作。他的成功秘诀同样不神秘，问题的关键，在于你能否像孙继海那样，准确地坚持二十年。

中国像孙继海、李铁这样的球员不够多，所以国家队的整体竞争力，没办法和日本韩国相比。成绩差别的背后，渗透有各种各样的原因，每一种提升和超越，都不是我们坐在这里分析，然后找到一个完美执行方案,再去实现的。中国足球的进步,要赶上韩国和日本,就需要从各种细节和小事上做起。谈得太多,其实没有用。

## 超越日韩的“最快速度”？

中国球迷对于日本和韩国足球的兴趣，是十分浓烈的，我到广州不过两个月，就体会到了这样的气氛。球迷会在各种公众或者私下场合，询问我如何比较中国足球和日本、韩国足球，看有没有什么办法，能够缩小中国足球和日韩之间的差距，而且经常有人会问，有什么办法能以“最快的速度”去缩小这种差距。

球迷如此，球员也是如此。我们俱乐部里有一位韩国国脚，中卫金英权，他是非常优秀的球员。经常会有中国队友向他询问关于韩国足球的一切，像韩国俱乐部是如何训练的、韩国球员从小的生活习惯、韩国国家队如何备战和中国国家队的比赛等等。这样的求知欲，对于球员和球队的成长很有价值。这样的兴趣，也说明了中国足球对两个近邻的重视。只是我希望所有这些询问和了解，不应该是去寻找一种通过“最快速度”完成的超越。

“最快速度”？我想这正是中国在过去三十年经济高速发展过程中，给中国社会、中国人带来的信心，所以会觉得很多问题，只要找准了解决方案、找对了解决问题的人，就能以最快的速度完成。如果将这种挑战放在城市建设、铁路修建等方面，在一些物质化的建设方面，我觉得“中国速度”是可以实现的，因为这个国家和民族蕴藏的能量确实太大，而且在过去很长一段时间内，并没有得到合理的挖掘。但是足球的发展不同，在社会层面上，足球是一种最复杂的运动。我之所以不断重复足球是一种文化概念，就在于文化的建设，不是像物质建设那样，能够通过高度密集的资源和人力集中，就可以在短时间内完成。

足球是一种文化，足球更是一种软性隐形的社会环境建设，所以足球发展的速度，恰恰不能用时间概念来进行绝对的量化设定，很多时间里，我觉得足球的发展，是一种潜移默化的社会发展过程。如果对于这样的社会事务发展，还要去追求绝对速度的话，那会欲速而不达。

在欧洲有过这样一些例子。像西班牙的联赛，自第二次世界大战之后，长期是欧洲领先的联赛，1950 年代中期，皇家马德里和巴塞罗那都是欧洲最杰出的俱乐部，皇家马德里更是垄断了刚刚创立的欧洲冠军杯。不过西班牙国家队，除去在 1960 年代于欧洲杯有过一次夺冠经历外，长期不能在国际大赛中有所发挥，所以总是令西班牙球迷失望。

这种失望，并不是说西班牙国家队没有竞争力，而是他们在世界杯、欧洲杯这样的比赛中，预选赛和小组赛都没有问题，可是在打进淘汰赛阶段，总会出现各种问题，在四分之一决赛里难以过关，最终功亏一篑。这当中，意大利是西班牙在各种世界大赛中难以逾越的一座山峰。我记得我带意大利国家队的时候，我的队长卡纳瓦罗就和我说过："如果以人才论的话，西班牙队的天赋早就能够夺取世界杯了，可他们的比赛气质似乎有些欠缺，打到最较劲的时候、最需要精神力量的时候，他们会有些后续乏力。"意大利队不擅长点球决战是众所周知的，这方面，西班牙队在很长时间内，比意大利队还有所不如。

这样的国家队，和长期强盛的国内联赛，在成绩上一直不匹配。有一种公论是，只要国内联赛发展得好，只要联赛培养出来的本土人才足够多，国家队的成绩迟早会提高。西班牙在这两点上都做得很好，可国家队的转机迟迟没有出现，用西班牙媒体的口吻说，那就是西班牙国家队，在意大利国家队的阴影下，被折磨了四十年。

四十年，多么可怕的一个时间跨度，这是至少三代足球人的时间跨度。而意大利在我带领下夺取世界杯，较我们上一个世界杯，也时隔了二十四年；贝阿尔佐特先生在 1982 年夺取的世界杯——当时就在西班牙，距离意大利上一个世界杯，又隔了四十四年。你如何解释西班牙队的成长经历？现在西班牙队是世界上最好的球队，巴塞罗那和皇家马德里是世界上最强大的两个俱乐部，然而在大家交口称赞西班牙足球为全球楷模之前，他们的国家队有过四十年不够成功的岁月。

所以我觉得这是一种文化积淀的过程。国家队的成功，由于往往发生于杯赛型的世界大赛上，会需要一定的运气，也就是偶然性，不过所有的偶然，其实都是各种必然因素积累的结果。这种必然的积累，在我眼中，就是文化积淀的过程，存在于和足球相关的每一个细节当中：学校里孩子们是如何接触足球、如何接受足球训练的；俱乐部联赛当中，本土球员如何准备每一场比赛、如何在洲际赛事中不断和对手交流学习；国家队在备战一届大赛过程中，如何能将旅行、休息、训练和恢复的所有细节都做到完美……在细节之上，还有战略性全盘规划的正确、进步方向的准确。所有细节和整体战略相加，才能促成健康的足球文化生根发芽、相辅相成地发展，这个过程是何等的复杂与繁琐，不是我们用语言能描述清楚的，需要我们在实践当中一点一滴地沿着正确的方向去做。

以最快的速度帮助中国足球发展，达到亚洲领先的地步，能够赶上甚至超越日本和韩国？我觉得“最快速度”这个概念如果存在的话,我们会不可避免地犯更多的错误。欲速而不达。

在俱乐部层面上,由于过去两个赛季的亚冠比赛,我对于日本和韩国足球有了一定的了解。我说过,在国脚水平上,日本国脚的实力远超中国国脚,这是他们在过去三十年乃至更长时间内积累的结果,这是日本足球文化有耐心有规划发展的结果。但是中国足球没有理由就此妄自菲薄,我感觉中国足球这两年,正在向日本和韩国足球靠近。广州恒大在 2013 年亚冠当中的成就,对中国足球是十分重要的,这样的征战过程中,广州恒大的中国国脚们,在实战中了解了对手,积累了重要的国际大赛经验,也体验了先进的足球文化。

广州恒大给中国国脚提供了良好的进步平台,整个中超的国际化程度提高,也对中国足球进步有利。这几年,越来越多的国际教练登陆中超,其实就是在塑造出一种更开放、更有营养的足球氛围。和我在同一个城市里工作的,就有瑞典人埃里克森这样的优秀教练,他在意大利带领拉齐奥夺取过联赛冠军,在葡萄牙和后来在英格兰都相当成功。外籍球员方面,中超引援的水平也越来越高,这个赛季据我所知,来自巴西、西班牙、韩国等许多国家的外援,都具备国际化水准。每一个来自不同足球文化背景的教练、球员加盟中超,都会带来自己的足球文化,都会引起一些足球文化之间的碰撞和交流,都会形成对中国足球有利的文化积累。这些积累最终都会转换为对中国足球有利的竞技成果。

但我不认为我们要去追求“最快速度”。设定太具体详细的时间目标,我觉得是有违足球规律的。足球的发展,是一种文化整体的发展,循序渐进的过程中,会有量变到质变的加速期,但这样的加速时期可遇而不可求,并且必须是在基础扎实的情况下才能实现的。历届世界大赛上,从来不罕见的就是成绩突然提升的“黑马”,只是这些“黑马”球队迅速成功的原因各不相同:或者是遇上了一批同年龄阶段的优秀球员,或者是在比赛抽签分组的形势里十分有利。但是如果我们将时间跨度放大,不是只关注一两届杯赛,而是在一个更广阔的时空里去权衡,这些“黑马”在闪耀之后,陨落的速度也会很快,它们要再度攀升起来,会无比艰难。

2002 年世界杯上,有过打进了半决赛的韩国和土耳其。韩国当时的东道主之利,利用到了惊人的地步。土耳其在那之后,也就是在 2008 年欧洲杯上有所表现,此外的大赛,想要从欧洲区出线都很难,哪怕他们的联赛同样很具备吸引力。比利时是 1980 年代的欧洲“红魔”,然而直到最近这一波“85 后”、“90 后”球员集体井喷,比利时队在欧洲也沉寂了多年。南美的乌拉圭,情况和比利时类似。2004 年希腊夺取欧洲杯、1992 年丹麦夺取欧洲杯,都是“神话”和“童话”级别的表现,可是用“神话”和“童话”来形容两支球队的表现,本身就包含了对他们自身足球基础和足球文化底蕴的怀疑。这两个欧洲杯得主果然也没能实现在国际足球范围内长久的突破。

“最快速度”在幸运的环境下,是会产生的,但是世界杯近百年的历史上,仍然只有八个国家或地区成为了世界冠军,法国和西班牙的世界杯成功,更只是发生在最近这十六年。一个国家的足球发展,没有“最快的速度”,只有最坚实的积累。

## 世俱杯与足协杯

夺取亚冠，给广州恒大以及中国足球带来的另一个重要机会，就是获得了在2013年年底于摩洛哥举办的世界俱乐部杯赛的机会，这是国际足联旗下最重要的职业俱乐部全球性比赛，由各个大洲的俱乐部比赛冠军球队，以及主办国东道球队参加的一项赛事。

世界俱乐部杯赛，前身是闻名遐迩的丰田杯，长期由日本汽车企业赞助，安排欧冠冠军对垒南美解放者杯冠军，是欧洲南美两块职业足球最为发达地区顶级球队的年终对决，历来都是每年全球顶级赛事的收官之战。1996年年底，我就带领夺取了欧冠联赛冠军的尤文图斯，远赴日本参加了丰田杯比赛，当时的对手是南美解放者杯冠军阿根廷的河床队。那是相当艰苦的一场比赛，尤文图斯最后1比0战胜了对手。夺取丰田杯，也意味着我们成为了那一年的世界俱乐部之王。

可能是考虑到丰田杯巨大的国际影响力，同时国际足联自身也想不断加强他们在职业俱乐部足球比赛当中的影响，后来国际足联主动出手，将丰田杯进行了改组，于是有了现在这个世界俱乐部杯赛的赛事。过往的丰田杯只是由欧冠冠军对垒南美解放者杯冠军，其他中北美洲、非洲、亚洲、大洋洲等地区的俱乐部球队没有参与机会，国际足联的改组，符合布拉特主席在全球范围内扩大足球影响力，同时扩大国际足联影响力的政策。改组之后的世界俱乐部杯赛，囊括了所有大洲职业俱乐部比赛的冠军，应该说概括性更强，影响力范围也更大。不过从球迷的角度看，丰田杯那种一战定胜负，欧洲南美球队狭路相逢、彼此完全没有认识过程的遭遇战悬念，因为世界俱乐部杯赛的改组而降低。同时各个大洲的俱乐部球队，加上世俱杯不再是于日本一地举行，东道主国家也能排队参加，所以比赛的赛事时间拉长、赛事场次增加，每场比赛的竞技价值和观赏性，反倒不如以往丰田杯那么强，这也是世俱杯的遗憾。

我感觉这是国际足联这几年大幅度扩张的影响体现。他们对丰田杯的改组从 1999 年开始，那一年的欧冠联赛冠军，正是弗格森爵士带领的在巴塞罗那诺坎普球场战胜拜仁慕尼黑、神奇夺冠的曼联。第一届世俱杯被安排在巴西进行，那一届赛事就引发了很大的争议，因为曼联必须作为欧冠冠军代表欧洲出战，可同一时间，英格兰的足总杯第三轮比赛也要进行，曼联作为顶级联赛俱乐部，参加足总杯就是从第三轮开始的。

为了参加刚刚创立的世俱杯，同时英格兰正在申办2006年世界杯，和德国南非竞争激烈，曼联必须要对国内赛事做出牺牲，于是在得到英格兰足总的首肯下，曼联放弃了1999—2000赛季的足总杯比赛，而此前一个赛季，曼联可是“三冠王”，其中就包括了英格兰足总杯。为了参加世俱杯，为了满足英格兰足总申办世界杯而与国际足联搞好关系的目的，卫冕冠军放弃卫冕，这对足总杯是一个极大的打击。

英格兰足总杯是现代足球历史上的第一个杯赛，是这个世界上历史最悠久的足球赛事，我认为足总杯是英格兰足球文化的一种骄傲存在。哪怕是非英格兰球员，参加足总杯，也都能感受到这项传奇杯赛的独特魅力。我在意大利的很多足球朋友以及队员，像效力过切尔西的维亚利、迪马特奥、佐拉，效力过米德尔斯堡的卡博尼，去英格兰踢球之后，都成为了足总杯征战的传奇人物，他们和我的讲述，流露出了对这项赛事的喜爱，原因就在于足总杯的公开性、公平性和结果的不可测。足总杯是对所有球队开放的，每年足总杯常常会有几千支球队参加，英格兰的足球传承，我觉得足总杯体现得要比现在最火爆的英超联赛还浓烈。

所以不难理解曼联后来为了世俱杯放弃足总杯，引发了多大的争议。对曼联而言，这样的放弃也是不得已而为之的决定，因为他们一支球队不可能在一周内往返万里，在巴西和西班牙参加两项赛事。那一届世俱杯最终由巴西的两支球队科林蒂安和达伽马打入决赛，曼联表现得相当糟糕。最终夺冠的科林蒂安，并不是南美解放者杯冠军，只是此前一个赛季巴西甲级联赛的冠军，作为东道主代表参赛。

广州恒大没有忽略世俱杯的资格，与此相反，我们有足够的理由和热情，来积极投入这项赛事。很多中国球迷赛前都热切盼望着，广州恒大如果能和拜仁慕尼黑交锋，会是多么令人兴奋。拜仁慕尼黑在过去一个赛季横扫欧洲，尤其是在欧冠半决赛将巴塞罗那打得无还手之力的场面，证明了他们是欧洲最强球队。

我也希望广州恒大有跟拜仁慕尼黑这样的世界顶级球队交锋的机会，但是出征摩洛哥，球队已经是劳师远征——过去十一个月，我们没有休止过，我们的队员非常疲倦，他们在过往的职业生涯里，没有像这个2013赛季一样，打了这么多高对抗的比赛。很多中国国脚，像郑智这样的，就没有暂停休息过。世俱杯的征战目的，就是争取能和更多强队交锋，成绩已经不是我们的重点了。因此在出发之前，我和球队交代的就是，第一场比赛最重要。如果我们能先赢下非洲冠军阿赫利，我们才算是参加了世俱杯，才可能跻身半决赛。路要一步步走，如果第一场不胜出，根本谈不上第二场，更谈不上和拜仁慕尼黑或者南美解放者杯冠军巴西米内罗竞技的交锋。

和阿赫利的比赛之前，我没有安排太多的训练，尽可能让队员们在放松中适应摩洛哥的天气，张弛有度，永远都是准备大赛的原则。这场比赛我觉得我们有很好的机会，阿赫利在国际大赛中的经验要比广州恒大丰富，但过去两年的亚冠征战，是广州恒大找出自己国际比赛自信和价值的经历。我们有着很强的战斗力，精神层面上非常突出。大家都说广州恒大的下半场“恐怖”，这并不是对我们比赛开赛的贬低，而是这支球队绝不接受失败、绝不会为困难阻挠的体现。这支球队已经有了自己的性格。

和非洲冠军的交手，过程有些起伏，结果十分出色，给了我们挑战拜仁慕尼黑的机会。说到这支欧冠冠军，我不得不夸夸瓜迪奥拉。拜仁登顶欧冠，取得三冠王，不是瓜迪奥拉完成的，他的前任海因克斯几乎将这支球队打磨到了完美的境地，因此留给瓜迪奥拉的不仅是一笔丰富的财产，同样也是一个巨大的挑战。我对瓜迪奥拉的上任非常感兴趣，很想知道他怎样能让拜仁推陈出新。

瓜迪奥拉是一位年轻又非常聪明的教练。执教巴萨四年之后，他在美国纽约休整一年，然后选择拜仁慕尼黑，这证明了他的眼力。我说过，教练选俱乐部和俱乐部选教练，都是需要谨慎对待的双向选择，瓜迪奥拉没有选择切尔西和曼城，因为他知道拜仁慕尼黑的俱乐部架构和基础，更适合他取得成功。

他到拜仁不久后，我看过他指挥的几场比赛，意识到，他懂得如何带领拜仁，他明白该如何去适应新的在德国的足球环境，而不是一味复制他的巴塞罗那。再说完全复制巴塞罗那，那是不可能完成的任务。瓜迪奥拉的巴塞罗那，在我看来，是足球史上最伟大的球队。只是这样的杰出，需要很多因素综合在同一个时间范围内才能产生效用。瓜迪奥拉的拜仁慕尼黑，是欧冠卫冕冠军，同样也是2013—2014赛季欧冠的夺冠热门，在世俱杯上，他们当然是热门，可以说，这支拜仁，是当今足坛最强大的球队。

广州恒大对拜仁充满尊敬，但这并不意味着我们会放弃。比赛过程显示的也是如此，我们尽心防守的同时也在努力去争取各种进攻机会。我们的队员在这场比赛中，或许对拜仁的尊敬偏多了一些，在很短的一段时间内，场面过于被动，于是被经验丰富的拜仁连续取得进球。失败并不遗憾，这样的失败，教给球队的，比我们过往很多胜利的比赛要更多。通过这场比赛，以及后来第三名争夺战与米内罗竞技的交手，广州恒大在与强敌的竞争中，找到了自己在国际足坛的定位，这让我们对未来的亚冠联赛会更加饥渴。

像广州恒大这样的俱乐部，应该更多地参加世俱杯这样的比赛，和拜仁这样的顶级球队真刀真枪地进行实战。只有这样，我们才能让广州恒大真正成为一个在国际范围内受人尊敬的亚洲足球代表。

这是一个伟大的赛季，亚冠的登顶、中超联赛的卫冕，似乎尽善尽美。不过这个伟大的赛季里，也留下了遗憾，足协杯决赛，我们没能打败贵州，“三冠王”的头衔没能拿下。

从外界看，广州恒大的体能打到赛季末出现问题，是我们多线作战最终功亏一篑的原因，不过我觉得失败的原因不仅于体能。赛季太过漫长，中期和后期，出现了比较多的伤病，让我们的板凳深度受到影响。同时国脚们在国家队比赛中的投入和付出，也在分散着我们的精力。在足协杯和世俱杯当中，广州恒大体现出来的并不是最好状态，因为亚冠决赛和这两项赛事的距离太近，亚冠登顶之后，所有人都会有一种十分正常的心理放松。

亚冠决赛那个夜晚，坐着大巴离开天河的时候，我就在想，还有足协杯比赛，以及我们终于获得了世俱杯参赛机会。我没法在大家庆祝亚冠的时候，再去提醒所有人，我们还有更多的赛事任务。这样的劝诫提醒或许很职业，但实在不近人情。这支球队、这个俱乐部，是由一个个鲜活的个体组成的，在团队作战的时候，大家都要向“冠军”球员靠拢，可长期要求大家在接近军事化管理和心理约束的环境下工作，对于团队长久的战斗力没有帮助。

亚冠夺冠，心理放松，而接下来足协杯特别是世俱杯的对手，非常强大。胜利的同时，我知道，失败可能就在某一个拐角等待着我们。这样的经历不可避免，足协杯的失败，让这个伟大的赛季不再完美，却可能会让我们对这项赛事更有热情、更刺激我们求胜的饥渴感。

足协杯决赛的第一回合，输给贵州，当时的恒大可能就处在一个心理低潮期。我们在场上犯了很多错误，哪怕是赛前对球队有过精心交代，把我们分析对手特点的内容都交代下去了，队员们执行时还是有些走样。贵州是一个很强硬的对手，我十分欣赏的孙继海就是这支球队的队长。他们的踢法并不复杂，前场两个欧洲球员，身高体壮、护球组合以及直接攻门的威胁都特别大，边锋的于海和曲波，都有着突破速度。他们采取迅速通过中场、直接攻打我们防线的踢法，让我们的两个中卫蒙受了巨大压力。

广州恒大已经夺取亚冠，贵州却需要这个足协杯冠军来谋求下赛季亚冠资格，双方在求胜饥渴度上也有差别。我们的比赛态度算不上完美，对于对手积极凶悍的攻势，我们没有足够的心理准备。开局阶段的一些优势，很快被对方化解。而且贵州在身体对抗上动作也相当大，明显是要激怒疲劳而且没有耐心的广州恒大队队员。

第二回合的状况同样没有太大改进，上半场又被对方先拔头筹。我比较满意的是，下半场在希望渺茫的情况下，我的球队焕发出了斗志，用很高的比赛热情不断压制对方，一点一滴地往回扳。倘若时间足够，恒大实现翻盘也不是不可能的。

输掉足协杯决赛，让大家在疲劳之余，更感觉到了不小的失落。但这样的失败不是不可接受。这样的失败告诉我们，广州恒大远未到轻松就能在国内夺冠的地步，所有对手都将我们作为最大敌人对待。我们没有任何松懈的理由。

回顾在中国的一年半，在各个赛场上，我们取得了那么多成绩，我对球队的表现满意，对俱乐部的成长满意，对自己的工作也感到满意。在中国生活让我很开心。每天和意大利的家人朋友，我都保持着交流，我对最好的朋友说，我来中国不是为了钱，是想把我自己的足球思想带给球队，在这方面我比较成功。这个球队一直在进步和成长，很多人都关注我和广州恒大，一定意义上，我们让广州站上了足球的世界地图。

亚冠冠军和欧冠冠军对我来说一样重要，而夺取亚冠冠军的难度，一点都不比欧冠夺冠低，都需要堪称完美的球队，才能在非常残酷的竞争环境里脱颖而出。

这一年的亚冠征战，最艰险的比赛，是 2 比 3 输给浦和红钻的比赛。每一次这样大赛的征程，绝对没有一帆风顺的过程，肯定会在某一个节骨眼上，球队将遭遇巨大的挑战。能否应对这样的挑战，需要经验、需要智慧，更需要足够的足球文化积累。

回想起以往的执教过程，我总能想起一些大赛期间的趣事。这些事情回想起来很有趣，只是在当时的压力情境下，各种失常的举动，都能折射出不同的心理。2006 年世界杯决赛前的那个晚上，布冯和加图索一宿没睡觉，很长时间站在酒店的走廊里聊天，因为太紧张了。大家都知道加图索是一个个性开朗的球员，处理压力的能力一流，可是在世界杯决赛到来前，他能够一晚上去二十趟厕所，就能明白他的精神状况紧张到了何等地步。

幸运的是，紧张归紧张，那支意大利队的队员们，有足够的抗压能力，布冯和加图索都没有被紧张击垮。这种时候，教练说什么，或者采取怎样的特殊手段，都是无济于事的，因为世界杯决赛，对绝大多数球员来说，就是一辈子一次的机会。越是这样的特殊时刻，越需要平常对待，完全按照平时比赛的应对习惯。我们都是在高度职业化的足球环境里一起走过来的，放弃过去被证明成功而且成熟的手段，只能自乱其阵。

大赛前夜，被这种情绪击倒的例子，从来不缺乏。1998 年的世界杯决赛，巴西队在决赛前夜发生了什么，至今仍然是个疑问。据说连巴西国会后来都为这场决赛召开了三次深度调查和听证会，罗纳尔多两度去国会听证会现场提供证据，罗伯特·卡洛斯和当时的巴西主教练扎加洛也都去过，最终仍然没有一个公认的结果。在我看来，对于这样的状况，准备只能在平时进行，采取任何应急性的手段，心理调节的效用都未必会很高。

广州恒大是一支相对成熟的球队，我们的亚冠决赛之前，气氛紧张，但远没有到失控的境地。因为一年下来，球员们知道现在球队的实力很强，对手的实力和经验也摆在明面上，我们尊重对手，小心应对，这样的心态，帮助我们完成了良好的赛前备战。

一年半时间朝夕相处，让我对队员们有了非常好的了解。在这一年半里，我们成长了很多，经历了很多，我们打造了一支非常强大的球队，打法也非常流畅。我们的人员配备也在逐渐加大，这个强大球队的冠军生命周期会很长，对于这一点，我从不讳言。我相信我们在今后的两三年都可以一直拿冠军，我们有这个实力,希望每个球员都相信这点,有更强的归属感。

所以和恒大续约三年,对我来说,顺理成章。我们有了一个极好的起点,未来更值得期待。

# 整体高于一切

每个成员都必须有着共同的目标，每个人都应该清楚团队的目标是什么，自己能够贡献什么，自己在未来的团队里，应该扮演怎样一个角色。

# 空间与时间

对于巴西世界杯，我很希望看到足球这项运动在战术层面上会出现一些新的变化。世界杯四年一届，有一种特殊魅力，每届世界杯几乎都代表着战术潮流的演变。足球随着每一届世界杯都变得越来越复杂。意大利足球百年来以战术领先闻名，意大利足球培养出来的几代教练，从波佐、贝阿尔佐特、萨基到我和卡佩罗，再到安切洛蒂、普兰德利，以及更年轻的一代，都有着各自不同的战术追求。我希望在巴西世界杯上，看到足球运动的新的进步。

这种进步趋势，在过去几年的职业足球竞争中已经有所呈现。过去几年，欧洲最成功的俱乐部就是巴塞罗那和拜仁慕尼黑，他们的足球风格与追求，形成了全球性的影响。我认为他们能代表未来足球的趋势，对中国足球和广州恒大有着许多积极启示。

具体说来，最成功的那支巴塞罗那——我指的是 2011 年欧冠决赛夺冠的那支，和现在这支拜仁慕尼黑，基因上有相同之处：他们曾经或正在由瓜迪奥拉掌舵。瓜迪奥拉的足球风格是现代的和积极的，结合了超强的个人能力和团队精神。他带的球队里，每名球员都能贯彻教练的要求。他们不轻易丢球，更重要的是丢球后能马上抢回来。

这样的球队，最明显的特点，就是超强的控球能力，以及十分积极的反抢能力。

萨基在意大利被认为是一个足球思想家，他开辟了许多足球战术的新思路，即便在他执教意大利队的时候，他的许多做法，也未必会得到球迷和媒体及时的认同。萨基那一支 1990 年代初最为成功的 AC 米兰队，突出的特点就是压迫和逼抢，这是他获得成功的基础。由于当时球队中“荷兰三剑客”以及多纳多尼这样进攻好手的存在，人们会对 AC 米兰的攻击力大为钦佩，实际上，我认为萨基球队的成功关键，更在于一条极其稳固的后防线，以及在整体攻防转换时，给对方施加的不间断压力。

在意大利有许多教练交流的活动、论坛以及研讨班。萨基刚成为意大利国家队主教练的时候，曾经和我们分享过他的足球心得。萨基说他刚入主AC米兰时，对球队三条线攻防的要求，就是需要所有球员必定保持一种稳定的距离：三条线之间彼此距离不能超过十五米，甚至对门将都有这样的要求，门将距离中卫不能超过二十米。如今回看AC米兰当年的比赛，这样的战术要求执行得非常坚决，三条线稳定的距离，极大地压制了对手的渗透和传递空间，所以和那支AC米兰队交锋，对手的直接感觉，就是那种窒息式的压迫。

在进攻上，由于三条线距离紧凑，所以锋线和中场总能得到身边队友源源不断的支持。萨基的这种压迫式紧逼战术要求，让AC米兰战斗力迅疾提升，很快横扫意甲和欧洲，成为最先进的一支球队。

战术要求一经提出，具体的执行必须依靠球员的个人能力和战术纪律性。这方面我想萨基也是幸运的，因为在AC米兰，进攻端他有巴斯滕、古力特和多纳多尼这样的球星，防守方面，他更有一条或许是历史上最好的防线。这些战术要求都能在平素训练中得以强化。萨基的训练也是独树一帜的。

他曾经和我说过，AC米兰由巴雷西、科斯塔库塔、塔索蒂和马尔蒂尼组成的防线，是多么的强大。大家都记住了AC米兰进攻的锐利，但是训练有素、个人能力超强的防线，曾经在米兰训练当中创造过一个奇迹。萨基说他有一次和古力特、巴斯滕们讲述应对不同防守体系的解决办法，这几个荷兰球员跟他的意见产生了分歧，于是萨基将AC米兰主力阵容分成两拨：一拨由后防线四个人加上门将，另一方是剩余的六个中前场球员。他让这人数不对等的两拨人，在半场内进行攻防对抗，每次从中圈由进攻方发球，必须要进入禁区才能射门，进攻方失去控球后，再回到中圈继续开始进攻。结果这样的攻防演练，足足进行了二十五分钟！由巴斯滕、古力特、多纳多尼们组成的进攻方，连一次进入禁区的射门都没有完成！

我没有亲眼见到那次不可思议的演练，但是我相信萨基的讲述，我更相信那条米兰防线对比赛和对手的控制力。萨基没有必要吹嘘自己过去的球队实力，他讲述的其实是自己的足球哲学：通过对空间的压迫，极大地限制对手的发挥空间，将比赛的主动权牢牢控制在自己手中。

萨基是通过空间压制来控制对手和控制比赛的。巴塞罗那在瓜迪奥拉时代追求的，则是时间上的控制。

巴塞罗那的球员，不管是退役的，还是离队的，经常会说的一句话就是："在巴塞罗那，我们一直按照这种方式踢球，我们不会其他的方式……"这说明了巴塞罗那从青训体系到一队，都有着一以贯之的足球哲学，大家踢的都是同一种风格，于是在巴塞罗那的各个梯队年龄组别之间，球员上升和适应都会很顺利，都能服从整体的战术要求来比赛。从经营层面上看，这是十分节省成本的体系。巴塞罗那也和皇家马德里一样，会在转会市场上大笔投入,收购巨星,但是这十年来,巴塞罗那最成功的地方是,他们的核心球员大多是通过自己培训成才的。这对俱乐部经营来说,是一种巨大的节省。

在战术执行上,这更是一种高度统一的效率体现。巴塞罗那对球员,不论哪个年龄组别,都有着一致的要求,都要求球员具备十分优秀的控球技术,对每个球员的脚下技术都极尽雕琢,这样巴塞罗那总能出产一拨又一拨技艺超群的球员。足球是一项团队运动,但是团队实力的增加,基于每一个个体技术能力的提升,巴塞罗那对个人技术的苛求,为他们应对各种对手和比赛,准备了一个最好的基础。

而在战术上,我觉得瓜迪奥拉和萨基有着异曲同工之妙。

萨基限制的是对手的空间,瓜迪奥拉限制的是对手的时间。瓜迪奥拉的战术里,同样具备十分积极的反抢和逼迫,这是在他的巴萨处于无球状态时。一旦得球,他们就将转入自己的控球模式,通过最为娴熟默契的短传,保持着对球权主动控制的同时,消耗对手的体能和精力,并且密切观察着对方的防守状态,时刻寻找最有效的攻击通道。这样的战术,其实并不复杂。事实上,百余年来的足球战术变化都不复杂,复杂的是要在高强度激烈比赛的过程中,保持着对局面的控制和自己冷静的头脑。这样的战术执行,其艰难程度可想而知。

但是巴塞罗那能够做到，因为他们的球员从小就接受这种足球培训。瓜迪奥拉能够将球队训练出来，因为他自己从小也是在这样的足球文化中成长起来的，他知道巴塞罗那最丰富的足球营养存在于何处。然后他将那种绝对控球，和积极反抢、压缩对手控球时间和进攻机会，结合到这支已经高度成熟的巴塞罗那队中，由是巴塞罗那登峰造极——在瓜迪奥拉之前，里杰卡尔德带的巴塞罗那已经夺取了欧冠联赛冠军。

以控球的方式，主动掌握时间，消耗掉对方的时间，说起来简单，似乎比萨基那种控制空间的压迫还要简单，做起来却更加复杂，因为很多准备工作和基础的打磨，不是在一队当中能完成的，而是从哈维、伊涅斯塔、普约尔、法布雷加斯、皮克、布斯克茨、佩德罗们八九岁进入拉马西亚的时候就要开始。巴塞罗那的成功秘诀在于坚持和进步，瓜迪奥拉是集大成者。

这也让我对瓜迪奥拉未来的执教充满兴趣。离开巴塞罗那的文化环境，他能否在拜仁慕尼黑这样不同的足球文化环境里找到新的胜利模式，这值得我们长久关注。

# 两种教练角色

回顾这三十多年的执教生涯，有太多内容和经历值得我回味与总结，这本更新版的自述，正是我回顾过往的一次机会。要让自己完全沉静下来，从日常忙碌的工作当中脱离出来，去审视这过去三十多年，现在可能还不行，但每个人都需要间隔一段时间，就进行一定的分析和总结。来到中国，来到广州，经历了过去这两年后，我感觉自己走到了有一个总结时间。

三十多年的教练生涯，前面的二十多年都是在俱乐部执教，后面十年我才有两度执教意大利国家队的机会。事实上，俱乐部主教练和国家队主教练，虽然都是足球教练的工作，但是工作类型上有着巨大的不同。我曾经分析过职业足球和国际足球之间的不同，那么这两种足球教练的工作，就是对职业足球和国际足球之间冲突的直接呈现。不同的位置，决定了不同的角色。不同的角色，争取的是不同的利益。

担任俱乐部的主教练，是职业足球领域里的重要职位，要对联赛、俱乐部、球队和球员负责；国家队的主教练，则是要对国际比赛、国家足球管理机构、国家队和国脚们负责。职业足球和国家队参加的国际足球之间，矛盾从现代足球进入职业化就开始。足球的职业化，发生于19世纪末，1888年英格兰出现联赛体制，就是各个俱乐部为了维持自己的运营，同时为确保稳定地拉住球迷，而产生的一种划时代足球经营管理创意。但是在联赛出现之前，已经有不少足球俱乐部走向了职业化道理，因为社会公众对于足球比赛是有着极大需求的，在这样的需求背景下，足球的直接从业者，主要是球员，便有了职业化机会。他们可以放弃原来的工作，踢球供人观赏可以成为他们的谋生手段。

国家队承载的内涵更加丰富，包含的国家民族荣誉，意义要比职业足球更加复杂。但欧洲的各国国家队，尤其是国家队之间的国际比赛，诞生要晚于各个地区的足球俱乐部。国家队的比赛，又不是像联赛那样，以每周为基础定期进行，所以很多球迷的忠诚度趋向，首先是代表着本乡本土的俱乐部，到了世界大赛期间，才会忠诚于自己的国家队或者地区代表队。在欧洲这样足球已经成为大多数人生活方式一部分的社会里，联赛和俱乐部是自己生活中每周都有的重要内容，国家队则是时有时无的邂逅。

职业足球和国际足球的矛盾，就集中在对于球员的使用上：职业俱乐部为球员提供了职业化平台，支付球员的薪资，国家队则征召球员比赛，而不为球员承担任何经济风险。在这项风险不低的对抗运动中，球员的体能、精力以及伤病风险，随时都存在。特别是近三十年，职业足球的商业化高度不断上升，和国家队之间的矛盾自然越来越大。

在我的工作体验中，这两种不同的足球教练职位，很大的区分就在于工作强度的不同。在俱乐部执教，我每天都要工作很长时间，因为不管在意大利还是在中国，我执教的俱乐部通常都是在一周双赛的节奏里运行着：周末联赛、周中杯赛。我工作内容的一个重要组成部分，就是观看对手以及本队的比赛录像。这是我三十多年来养成的习惯，这种习惯能够帮助我了解对手，同时也能帮助我更好地了解自己，帮助我去纠正球员的比赛错误，找到克敌制胜的办法。

在俱乐部任教，大量的新闻发布会、媒体采访、漫长的客场旅行等等，都会带来很大的精神压力，也会对你的生活习惯、生活适应性以及体能提出很高要求。幸运的是，我至今仍然保持着很好的状态，我仍然非常享受这样的工作节奏。

成为国家队主教练，肯定是职业生涯的高光时刻，因为国家队主教练在象征意义上是教练这个行业的最高地位。带领国家队征战，精神意义上的挑战性更在俱乐部之上，因为你的作为、你的球队的表现，代表的是国家荣誉。不过国家队主教练的工作强度要比俱乐部主教练小太多，大部分国家队一般每一两个月才会有一场比赛，你准备的时间也许很充分，也有可能几乎没有准备时间——集训两天，然后马上就是一场预选赛或者友谊赛，你不可能像在俱乐部那样去准备你的球队。

国家队主教练的工作节奏是不太明确的。一届大赛到来前，会是压力沉重、细节繁琐至极的时候，不过平时又会显得过于宽松。国家队主教练往往会在各个周末游走于各个联赛赛场，观察国脚们在联赛中的状态，考虑未来国家队的战术和人员调整。

在经历了俱乐部和国家队两种主教练生活后，我仍然觉得我更适应的还是那种高强度的工作，日子闲散下来我反而受不了。我说过，休假大家都需要，可是让我在家休养一个月，我肯定会厌烦这样的生活。我不能做到懒散下来，无所事事。这次和广州恒大续约，就是我对自己职业方向的主动选择。完成这个三年合同之后，我还会有其他工作选择，不论是继续带俱乐部，还是预防自己精力下降、去带一支国家队，都会很不错。

## 团队至上

不论俱乐部还是国家队，作为一个主教练，在球队内部的管理上，大部分情况类似，很多基本原理，与社会管理学上对一个团队的管理要求完全相同，我们可以看到，哪怕抛开足球，这些管理原则也是共通的。

在我的亲身经历里，要打造一个成功的团队、一个优秀的团队，首先要做到的，就是每个成员都必须有着共同的目标，每个人都应该清楚团队的目标是什么，自己能够贡献什么，自己在未来的团队里，应该扮演怎样一个角色。思想上一定要达成高度统一，然后教练作为团队的领袖，通过长时间的训练、比赛和交流，让大家养成举止一致的工作习惯，这样团队的集体氛围才能形成。这样的团队，在前进的过程中，肯定会遭遇挫折和挑战，会遇到一些简直难以战胜的困难，所以团队的成员必须要具备牺牲精神。团队至上，如果团队成员当中出现了自我高于团队的个体，那么这样的个体是不符合团队整体利益的，这样的个体，哪怕能力再强，也不适合与大家长久合作，甚至可能产生负作用。

所以整体高于一切，这是我作为教练的基本准则，这也是我看到的成功足球队都能够遵守的规律。足球队之外，一个成功的企业、一个深入人心的品牌、一个受人尊敬的媒体、一个享誉世界的乐队，都是如此。我在都灵生活多年，都灵的菲亚特集团，在其成长壮大过程中，管理经验总结下来也是如此。

从 1982 年进入教练行业，我坚持始终，三十二年来一直在努力打造这样一个个整体高于一切的团队。我失败过，也取得了成功。1996 年夺取欧洲冠军的那支尤文图斯，就是团队至上的成功典范。尤文图斯是意大利最大也是最成功的俱乐部，但是尤文图斯在欧洲赛场的成绩，和这个俱乐部在意大利的地位并不相符，问鼎欧冠是尤文图斯的奋斗目标。1996 年的那支球队，就做到了将团队摆在最重要的位置上，大家目标统一，训练和比赛中合作氛围良好。2006 年的意大利国家队也是如此。2013 年的广州恒大俱乐部，我暂且不能下这样的结论，但是在这支球队中，大家都明白我的足球观念和对整体至上的要求，思想都能非常统一。所以我坚信，这是团队管理的基本规律。

一旦确定团队组成，我会给予球员们最大的信任，这样他们也会对我无比信任。我的团队里不会有刺头，因为在组建团队的时候，我会十分谨慎地进行甄别和挑选，我会确保每个团队成员都具备我所要求的团队品质。

很多人都要让我比较1996年的尤文图斯和2006年的意大利国家队，我没法明确哪支球队在我心目中地位更高，也无法说出哪支球队更强大。不能比较强大，还是一个足球专业问题，因为两支球队时隔十年，无从比较。在我心目中的地位，我只能说两支球队都无比特别。以熟悉程度论，1996年的尤文图斯和我朝夕相处多年，就像一场马拉松赛跑，我们相互扶持、相互鼓励，从起点一直跑到了终点。

2006年的意大利国家队，则是在一种非常特殊的环境下，开始自己历史使命般的攀升。“电话门”事件的阴影笼罩在每一个意大利国家队成员身上，佩索托坠楼事件在世界杯期间更让所有的队员教练们揪心。那是一个职业球员的典范，一个心地无比善良的人，他无法接受事件带来的负面影响，陷入抑郁。

我记得当时让皮耶罗几个临时回国，看望昏迷当中的佩索托。我不认为这样的决定会影响球队气氛和竞争力，我反倒认为一个生命的健康，比世界杯更重要。对我们那支国家队而言，只有在球场上拿出最好的状态，才能让佩索托以及更多的意大利同胞，走出心理上的阴影。我们最终做到了。

所以我要说，在我心中，1996 年的尤文图斯和 2006 年的意大利国家队同样出色。他们都达到了我的要求，达不到要求的球队，是没办法获得冠军的。但冠军并不是对一个成功团队的必须要求，一个团队只要能发挥出自己最大的潜能，就是成功的。比如我在 1992—1993 赛季带领亚特兰大夺取意甲联赛第五名的成绩，我认为那支亚特兰大队，和我后来带领夺取意甲冠军、欧冠联赛冠军的尤文图斯队一样出色。

在具体的管理设定上，我为带过的每支球队都会设定一个长期目标，但我更看重的，反倒是这个长期目标之下的短期目标：每个短期目标只是两到三个月时间，设定难度不会太大，不至于超出团队当时能力太多，兑现周期却比较短。我会通过各种手段，带领团队朝着一个又一个的短期目标去实现，这就等于将完成长期目标的过程拆解为好几个部分。每完成一个短期目标，我们距离长期目标就又近了一步。这样的短期积累，更符合人的行为心理。面对一个宏大的长期目标，既令人向往，又会给人很大的心理压力。每个人都有惰性，在时间上未必能做到每天都遵守计划，一旦长期目标之下没有短期目标，那么长期目标往往会流于空想。于是在实际执行过程中，我会更看重每一个短期目标的扎实实现，这样再拾阶而上，去达成下一个短期目标。每一个短期目标的达成，都会对团队信心上形成良性的鼓励。长久坚持，一种不畏惧困难、自信心不断增强的良性团队心理就能形成。

我相信这样的心理基础构建，对于足球团队有用，对于其他团队同样适用。

当职业教练有一个特点，就是时间过得非常快。我们都有长期奋斗目标，但是在实际执教过程中，总会觉得短期目标更加现实、更加接近我们每天的生活。

三十二年的执教生涯，就这么飞快过去了。当初带青年队的场景犹历历在目，恍如昨日，完全没意识到，这三十二年来，我的生活发生了多大变化，我所处的足球世界以及我所存在的这个世界，有了多大的变化。偶然暂停一下，回顾一下过去走过的路，不由得会心生感慨。

我早就是满头白发，很多年前就有了以发色形容我的雅号。现在看看欧洲的足坛，我带过的球员里，已经有二十多个走上了和我一样的职业道路，在这种时候，我才意识到：我真的老了。

总有人问我，我以前带过的队员，现在也当上一线球队主教练了，他们和我比，谁更接近我，或者谁更像我。在这里，我依旧遵循着我的一条行事准则：绝不比较不同时期的教练。因为在不同的时期、在不同的环境下，教练们的行事风格和职业追求，都是不同的，没法比较。让我欣慰的是，他们当中几乎每个人都告诉我，他们此刻在做的事，很多时候都是我当他们教练时做过的。他们一定程度上在重复一些我的教练方式，这让我很有成就感。

这种重复，或者模仿，也是对我个人执教风格的一种概括。概括成语言，很简单，那就是：团队！作为一名教练，必须要做到说服“冠军”球员用个人能力全心全意地为团队服务，只有这样，他的个人能力才能得到完美展示，他和团队才能取得最好的成绩。教练必须要让团队中每个球员都相信，哪怕明天的比赛，我们的核心球员因为生病而不能登场，我们一样保持着最强大的竞争力，我们的团队实力不会因为任何一个队员的缺席而产生多大的下降。

一个优秀的教练，同样不能成为团队中的独裁者，没有良好的沟通能力，不能用自己的心去温暖他人的心，这样的教练难以长久成功。

我们处在一个社会分工高度发达、一个专业化的时代，团队里的每个人，都是术业有专攻。我刚开始当教练时，几乎所有任务一肩挑：我是球队的体能师、门将教练、更衣室清洁员、按摩师……现在的足球环境里，这样的情况在一线球队中已经不可能存在了，因为每个项目都有尖子、都有经过长期科学培训的专家。作为一名主教练，一定要是一名优秀的系统工程师，必须在每一项工作上，挑选和安排最合适的人。将合适的人安排在合适的岗位上，这不就是管理学的基本原理吗？

# 时间终了。重新开始……

我总是在设想一种结束语，它并不是对前面的章节做总结。如果仅仅只是总结，那就完全可以免掉这些结束语了。我认为甚至从文体上来说，不要这样的结束语也是可以的。如果这些结束语旨在总结，就让人感觉是一种虚假的东西，或者更糟糕，是一种“速记”，也许对那些不想，或者没有时间去读整本书的人是有用的，他们就随便翻一翻，然后迅速浏览一下最后那几页结束语，以便对书的内容有个整体概念。

并不是说，这种“提取结束语”的想法，是一种应该概括前面所说的内容的童话寓意，一旦合上最后一页，就像将读者应该珍视并且携于己身的信条打包。

我没有什么信条可以给你们，如果有的话，就像我在引言中说的那样，我不管是在职业上还是在其他方面，都可以称得上是有阅历的人。我并不自负，一件对我来说重要而有意义的简单之事，对于别人可能也同样如此。

我确信，对于我来说，这本书展示了一种不同于赛场的训练，而我很喜欢这种能够将这样的思维和词语的练习与那些想与我“玩”的人分享的想法。恰恰就是如此。因此，在我看来，结束语呈现了一个训练的最后阶段，也就是所谓的“去疲劳化”阶段。在这个时候，最努力的阶段已经结束，节奏变得缓慢，肌肉得到放松，同时反思已经完成的工作以及获得的结果，这些结果与充满整个身体的疲劳相混合，给人带来愉悦。实际上，我现在的感觉就是这样。

写作在我看来，当然是一种显露道德的方式，而不只是表现职业中的回忆、情感以及信念的方式。就像我刚才说过的，这同时也是一种思维和反省的实践。发展自身的信念，并将它寄寓在所写的实实在在的文章中，这就能够与自己以及自己的观点有一些距离，以努力做到更加客观，并在评论和分析中更加细致敏锐。

然后，决定将这种“训练”变成真正的出版物，无非加强并且扩大了把写作作为一种练习的意义和作用。这就有一点像这样，我没有“闭关修炼”，而是决定在公共体育场进行训练。我没有感到因为觉得被人观察而产生的害怕；根据自身的极限置身于像训练这种需要耐心且令人疲惫的工作中，我也不觉得羞耻，为了真正在赛场上的时候能够达到自己的最好状态，一个运动员应该每天都进行这样的工作。所有的这些，我一点都没有。

通过写作的方式，“当着所有人的面”进行训练，对我来说意味着又一次“把我自己置身比赛”（请你们原谅这不可避免的文字游戏），在一个不寻常的赛场，但是我没有任何畏惧。这是理智的诚实的另一方面，而我一直都并且会继续将这种理智的诚实作为自己的标志。我个人有一种“工作哲学”（我希望这种说法不会使任何人反感），它是在长期职业生涯的尝试、错误和正确的选择过程中形成的。当一个人在“赛场”上学习，通常他就有能力根据自己的经历推出一些思考，这些思考可以构成一种能够使人更进一步的关于投入和思考的概括。

老实说，在这些年中，我从来不缺这样的时间。尽管球员们（包括教练们）的工作量比人们通常想象的要大得多，但从这一点来说，我不否认我有一种优厚的生活，能够给自己一些安静的明朗的时刻——通常这些时刻我都在海边度过，可能是在我的船上。我指的正是那些让人去有所思考的时候，而且这些反思不必局限于自己的工作。

我且认为，对我来说没有什么能像大海那样，能成为一个人独自待一会儿并且稍作思考的动机和场合。但是，大海也有它的局限之处。自由的感觉和风景的美好促使人们产生一种思考，而我将这种思考定义为“流动的”、“液态的”。我不相信我能在船上写作。我最多会让自己待在思想的摇篮里，那就像一种意识流，在船的颠簸的节奏下穿行。我向你们保证：那是一种无价的感受，我无法用语言来形容。

然而我认为，对于词语，尤其是写下来的书面语，我可以把自己的思想和经历寄寓其中，尤其是那种随意流动的一时的想法，它就像海上拂过你的一阵微风，更应该深入发掘其寓于某种具体语言中的理性，这种语言就像一种被运用的工具。

应该小心地选择措辞，并且有条理地加以安排，以使其能够表达出，同时也是告诉自己那些我们也许“感觉到”的和凭直觉知道的，但不能像我们所想的那样来解释的事情。

这就像是写作的“物质性”使思想的速度得以减慢，并把它镶嵌在一种可以加工和概括的语言中。如果你们同意我这个略显大胆的比喻，我认为写作就像一个思想的声画编辑器。现在即将结尾的这整项工作对我都是有用的，这一点毫无疑问。如果说有什么希望，那就是希望你们能喜欢这“训练”，并且你们可能从我的某些想法中得到一些提示或者建议，有利于你们自身的发展。

毕竟，阅读也可以被认为是写作的另一方面。当一个人在读一本书的时候，如果他真的不只是关注内容，还关注了作者的风格和推论（或者讲述）策略，他就不仅仅能够深入作者的思维，有时他还能在读书的时候，感觉到自己仿佛在把这本书重写一遍。就像我们在重复作者的“训练”，但同时把我们自己的力量、想法和感情置于“赛场上”。

然后，每个人都有各自的体格、各自的训练准备（体能的或者文化的，视情况而定），因此每个人都会以自己的方式在练习中得到特别的益处。况且，运动、阅读和写作实际上从来没有给任何人带来损害！

当我做一项工作时，我会严肃认真地做。而且如果我决定要做一件事，是因为我相信这个项目是有益的。当出版社向我提议写一本书时，我感到这对我而言可能会是一段有意义的成长经验。然后写这本书或许也是为了某些读者，尤其是一些青年读者，为此我毫无遗憾……